Süß & Trendy

Hinweis: Für alle Rezepte wurde Mehl der Type 405 verwendet, das sich für feine Backsachen gut eignet.

Sind Sie mit diesem Titel zufrieden? Dann würden wir uns über Ihre Weiterempfehlung freuen. Erzählen Sie es im Freundeskreis, berichten Sie Ihrem Buchhändler oder bewerten Sie beim Onlinekauf. Und wenn Sie Kritik, Korrekturen, Aktualisierungen haben, freuen wir uns über Ihre Nachricht an:

Christian Verlag
Postfach 40 02 09
D-80702 München
oder per E-Mail an: lektorat@verlagshaus.de

Unser Verlagsprogramm finden Sie unter

 www.christian-verlag.de

Produktmanagement: Doreen Wolff
Textredaktion: Katharina Lisson
Layout und Satz: Fred Feuerstein, wigel
Umschlaggestaltung: Caroline Daphne Georgiadis, Daphne Design unter Verwendung eines Fotos von Jo Kirchherr
Repro: Repro Ludwig, Zell am See
Herstellung: Bettina Schippel

Text und Rezepte: Matthias Ludwigs
Fotografie: Jo Kirchherr

Printed in Slovenia by Florjancic

Alle Angaben in diesem Werk wurden vom Autor sorgfältig recherchiert und auf den aktuellen Stand gebracht sowie vom Verlag geprüft. Für die Richtigkeit der Angaben kann jedoch keinerlei Haftung übernommen werden.

Die Deutsche Nationalbibliothek verzeichnet diese Publikation in der Deutschen Nationalbibliografie; detaillierte bibliografische Daten sind im Internet über http://dnb.d-nb.de abrufbar.

ISBN 978-3-86244-829-6

vorwort

Meine ersten Gedanken zum Thema »Süß & Trendy« waren gemischt. Was süß ist, ist natürlich klar, aber wie verhält es sich mit »Trends«? Einige sind nur kurze Strohfeuer, andere kommen schnell an und werden dann rasch als »normal« wahrgenommen. Durch das Internet verbreiten sich Trends heute weltweit in rasantem Tempo.

Im Grunde kann man Backtrends in zwei Kategorien einteilen: zum einen Trends, die mit echten Neuerungen verbunden sind, wie zum Beispiel »Croughnuts« (eine für Croissantteig noch nie genutzte Garmethode) oder »Push-Up-Cakes« (eine für Kuchen bisher unbekannte Darreichungsform). Zum anderen gibt es Trends, bei denen ein Thema neu belebt beziehungsweise Altbekanntes neu kombiniert wird; dazu gehören »Whoopies«, die im Grunde Amerikaner sind und durch eine Füllung zu etwas Neuem werden. Oft verschwimmen die Grenzen auch – sind »Macarons« immer noch ein Trend? Ist ein »Cake-Pop« nur wegen des Stiels etwas Neues? Gab es Eis-Sandwiches nicht schon in unserer Kindheit?

In diesem Buch kann ich natürlich nicht alle Trends abdecken, geschweige denn jedem gerecht werden. Ich möchte vielmehr einen breit gefächerten Überblick liefern und zu den einzelnen Themen Rezeptvorschläge bieten. Dabei ist mir wie immer sehr wichtig, eher einfache Kompositionen vorzustellen, denn die eigene Kreativität funktioniert am besten, wenn man erst einmal die Grundlagen beherrscht; dann kann man auch nach einer Weile experimentieren und seinen eigenen (Geschmacks-)Weg beschreiten.

Als ich 2009 angefangen habe, »nebenbei« als Autor aktiv zu werden, hätte ich nicht gedacht, dass es 2015 (mit Süß & Trendy) schon insgesamt sechs Titel sein werden. Auch wenn ich jedes Rezept selbst schreibe und danach jede Kreation »nachbacke«, kann es ab und zu kleine Abweichungen geben. Davon sollte sich keiner entmutigen lassen, auch mir – mit knapp 20 Jahren Erfahrung – gelingt nicht alles auf Anhieb. Es mag etwas abgedroschen sein, aber: »Übung macht den Meister!«

Ihr Matthias Ludwigs

Werkzeuge

Werkzeuge für die Backstube lassen sich in zwei Kategorien einteilen: Es gibt wirklich Notwendiges und anderes, das die Arbeit erleichtert, außerdem nett ist und Freude macht, wenn man es hat.

Notwendige Utensilien

Zur Grundausstattung sollten, neben diversen Töpfen und Schüsseln, folgende Dinge gehören:

Waage

Ich benutze am liebsten Digitalwaagen, die eine Tara-Funktion haben. Sie sollte in 1–2-g-Schritten wiegen können. Bei Kleinstmengen gibt es einen Trick, nicht mittels Tara bei 0 g anzufangen, sondern Mengen von 5–10 g zu einem schon vorhandenen Gewicht dazuzuwiegen. Werden also 100 g Mehl und 5 g Backpulver benötigt, zuerst das Mehl wiegen und dann das Backpulver direkt dazugeben, bis die Waage 105 g anzeigt, anstatt nach dem Mehl Tara zu drücken.

Schneebesen

Hier liegt die Betonung auf »Schnee«besen: Er sollte also eher viele und feine Drähte haben, damit man eine Masse schnell und gut luftig aufschlagen kann. Ein etwas stabilerer Rührbesen kann zusätzlich nicht schaden, gerade wenn es in erster Linie um das Vermischen einzelner Zutaten geht. Ich habe zu Hause auch einen Topfbesen in der Schublade, für kleine Mengen ist er optimal.

Silikonteigschaber

Dieser ist dem Gummischaber vorzuziehen, da er hitzeresistent ist und man damit beispielsweise auch Zucker bei sehr hoher Temperatur karamellisieren kann. Er darf nicht zu weich, aber auch nicht zu fest sein; er muss sich gut an die Form der Schüssel anpassen, soll aber genügend Widerstand bieten, damit man die Schüssel auch restlos auskratzen kann.

Spritzbeutel und Tüllen

Sobald es ans Portionieren und Garnieren geht, ist ein Spritzbeutel unverzichtbar, da er die Arbeit enorm erleichtert. Er sollte eher zu groß als zu klein sein, ansonsten ärgert man sich, weil man sehr oft nachfüllen muss. Zu Hause ist ein Spritzbeutel aus Stoff wunderbar, in Kombination mit Einwegbeuteln aus Kunststoff ist man gut ausgestattet. Tüllen gibt es in vielen Formen; als Loch- und Sterntülle mit jeweils 5, 8 und 12 mm Durchmesser sind sie für die meisten Rezepte zunächst vollkommen ausreichend. Natürlich können mehr verschiedene Größen oder andere Formen nicht schaden.

Handrührgerät

Sobald man regelmäßig backt, sollte man sich eines zulegen. Dabei empfehle ich, nicht das günstigste Gerät zu nehmen; es wird zwar funktionieren, aber man merkt schnell, wo man an seine Grenzen stößt. Denn mit schlechtem Werkzeug macht Arbeiten einfach keinen Spaß. Es gibt auch Modelle mit Stabmixeraufsatz, der äußerst praktisch ist. Bei einer Neuanschaffung kann es durchaus sinnvoll sein, nach solch einem Kombigerät zu suchen.

Messer

Ein großes und ein kleines Küchenmesser, eine Schere sowie ein Sparschäler sind normalerweise in jeder Küche vorhanden. Ergänzen sollte man diese durch ein langes Sägemesser, ob grob oder fein gezahnt, spielt dabei eine untergeordnete Rolle; ich persönlich bin ein Anhänger von grober Zahnung oder Welle.

Winkelpalette

Eine nicht zu lange (maximal 18 cm) Winkelpalette ist sehr hilfreich beim Aufstreichen von Cremes und Massen und beim Abheben von fertigem Gebäck.

Tortenscheiben

Diese sind nicht nur für Torten gut, sondern einfach für jedes Gebäck, wenn man es von A nach B transportieren muss. Wenn man die Tortenscheibe auf einen Topf legt, wird daraus eine praktische erhöhte Arbeitsfläche, die das Garnieren sehr erleichtert.

Nett zu haben

Zuckerthermometer

Die Anschaffung lohnt sich auf jeden Fall, wenn man öfter Süßigkeiten macht. Man sollte ein digitales Thermometer mit Einstechfühler am Kabel nehmen; es ist zwar ein bisschen teurer, dafür misst es sehr genau und man kann es vielfältig einsetzen, beispielsweise auch beim Grillen, um den Garpunkt des Steaks zu bestimmen.

Küchenmaschine

Jeder, der viel backt, weiß die enorme Entlastung durch eine hochwertige Küchenmaschine zu schätzen. Dabei sollte die Arbeitsleistung im Vordergrund stehen. Je nachdem, welche Mengen man regelmäßig verarbeitet, kann man im untersten oder obersten Preissegment nach seinem Modell suchen. Ich rate dazu, auch immer die Verarbeitung des Zubehörs, die Geschwindigkeit, das Material des Kessels (Edelstahl) und die Form des Schneebesens zu prüfen.

Ausstecherset

Zum Ausstechen findet man in Küche oder Wohnung eigentlich immer etwas Geeignetes, ob es ein Glas, eine leere Konservendose oder sonst etwas ist. Wenn man aber einmal einen Ausstechersatz aus Edelstahl oder Exoglas gekauft hat, hält dieser ein Leben lang. Also lieber früher als später anschaffen.

Mini-Palette

Die kleine Schwester der Winkelpalette ist vor allem für raffinierte Detailarbeiten zu empfehlen. Und im »normalen« Leben können damit wunderbar Desserts angerichtet werden.

Microreibe

Die Microreiben sind inzwischen nicht mehr aus der Küche wegzudenken, sie könnten auch in der Kategorie »notwendig« stehen. Denn mit keinem Werkzeug lässt sich Zitronen- oder Orangenschale besser abreiben. Und auch vor Zitronengras, Knoblauch oder Ingwer machen sie nicht halt.

Tortenringe

Neben der obligatorischen Spring- und Kastenform kann man sich eine Vielzahl an Tortenringen, Backformen und Ähnlichem zulegen. Dabei sollte der Nutzen im Vordergrund stehen. Ist es für eine einmalige Angelegenheit? Brauche ich diese spezielle Form wirklich? Ein normaler Ring lässt sich vielfältig einsetzen, ein Achteck ist schon wieder nicht so häufig zu gebrauchen.

Silikonformen

Seitdem es diese Formen gibt, nutze auch ich sie. Auch hier sollte man beim Kauf nach ähnlichen Überlegungen vorgehen wie bei den Tortenringen: Je mehr Anwendungsmöglichkeiten eine Form hat, desto sinnvoller ist die Anschaffung.

Brandmasse

Zubereitung: 15 Minuten plus 30 Minuten Backzeit
Ergibt 10–30 Stück (je nach gewünschter Größe)

Zutaten

75 ml Milch
75 ml Wasser
60 g Butter
1 Msp. Salz
100 g Mehl, gesiebt
3 Eier (Größe M)

Milch, Wasser, Butter und Salz in einen weiten Topf geben und aufkochen. **1**

Den Topf von der Herdplatte nehmen und das Mehl auf einmal dazugeben. Zügig und kräftig rühren, bis das Mehl untergearbeitet ist. **2**

Den Topf wieder auf die Herdplatte stellen und die Mischung unter Rühren erhitzen, bis sich ein Kloß gebildet hat und der Topfboden einen »abgebrannten« Belag aufweist. **3**

Bei Brandmasse ist das »Abbrennen« einer der entscheidenden Punkte, hier wird der Kleber vor-verkleistert und es verdampft Flüssigkeit. Wird dieser Vorgang nicht intensiv genug gemacht, gehen die Windbeutel im Ofen nicht so gut auf. Lieber bei mitt-lerer Hitze und etwas länger als heiß und schnell abbrennen.

Die Masse in eine Schüssel geben und die Eier nach und nach unterarbeiten. **4**

Es sollte eine homogene, leicht »klebrige« Konsistenz entstehen. **5**

Ist die Konsistenz zu fest, nachdem alle Eier zuge-geben sind, kann man die Masse mit etwas weiterem Eiweiß zur gewünschten Konsistenz bringen. **6**

Die Windbeutel bekommen ihre Stabilität am Ende durch das Ei(weiß), der Kleber vom Mehl würde das Gebäck nicht ausreichend stabilisieren. Wichtig ist, dass die Masse beim Aufdressieren nicht breit-läuft. **7** Beim Dressieren entstehen, je nach Kon-sistenz, mehr oder weniger ausgeprägte spitze Enden. Diese lassen sich mit einem leicht angefeuchteten Finger andrücken. **8**

Beim Backen ist Umluft sehr wichtig, ansonsten entfal-tet sich das Gebäck nicht zur größtmöglichen Größe.

Biskuit

Zubereitung: 20 Minuten plus 25 Minuten Backzeit
Ergibt einen Ring oder eine Springform mit 24 cm Ø oder
2 Ringe oder Springformen mit 16 cm Ø

Zutaten

6 Eier
140 g Zucker
60 g gemahlene Mandeln
120 g Mehl oder 100 g Mehl + 20 g Kakaopulver

Die Eier trennen. Das Eigelb mit 40 g Zucker und den
gemahlenen Mandeln dick-cremig schlagen. **1** Das
Eiweiß mit dem übrigen Zucker zu cremigem Schnee
schlagen. **2** Ein Drittel des Eischnees unter die
Eigelbmasse ziehen, **3** dann den Rest dazugeben
und während des Unterhebens das Mehl und eventuell
den Kakao dazusieben. **4** **5**

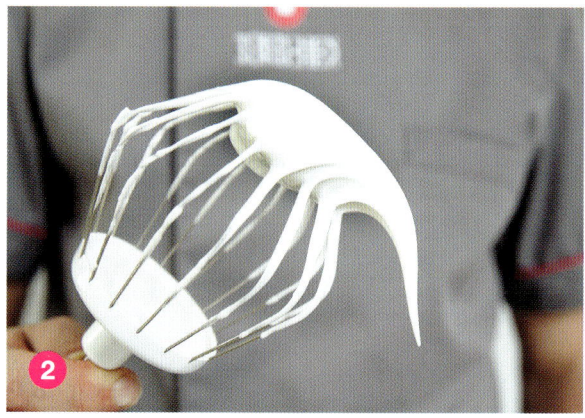

Den Teig in einen Ring, der auf Backpapier steht,
oder in eine mit Backpapier ausgelegte Springform
füllen, **6** gut glatt streichen **7** und bei 170 °C
Umluft 20–25 Minuten backen.

Nach dem Backen einmal mit dem Blech auf die
Arbeitsfläche klopfen. Den Biskuit am besten über
Nacht auskühlen lassen. Dann mit einem Messer aus
dem Ring oder den Ringen schneiden **8** und je nach
Rezept durchschneiden und weiter verarbeiten.

Varianten: Zum einen kann der Boden in einem
Ring gebacken werden und man teilt diesen dann
in mehrere dünne Böden. Sie können aber auch als
einzelne Böden in der gewünschten Form aufgestrichen werden oder man kann eine ganze »Kapsel«
backen (spezielle Art des Biskuitbodens für eine
Biskuitroulade), das heißt, die Teigmenge wird auf
ein komplettes Blech aufgestrichen.

Tipps: Biskuit lässt sich in jeder Form wunderbar
einfrieren und dann zum gewünschten Zeitpunkt einfach auftauen. Einfrieren und Auftauen bietet sich übri-
gens auch an, wenn der Biskuitboden ein wenig zu
trocken geraten ist. Durch das Auftauen schlägt sich
Kondensfeuchtigkeit am Biskuit nieder und er wird
wieder etwas weicher. Sollte er richtig trocken geworden sein, hilft das natürlich nicht mehr. Was noch
wichtig ist: Je dünner der Biskuit ist, desto heißer und
schneller sollte er gebacken werden, durch die kürzere
Backzeit trocknet er dann nicht so stark aus.

Sacherbiskuit

Zubereitung: 25 Minuten plus 15 Minuten Backzeit
Ergibt 2 Ringe mit 20 cm Ø

Zutaten

100 g Butter
60 g brauner Zucker
4 Eier
70 g Kuvertüre (70 %)
80 g Zucker
90 g Mehl
10 g Kakaopulver

Die Butter mit dem braunen Zucker aufschlagen. Die Eier trennen. Das Eigelb nach und nach unter die Butter-Zucker-Mischung ziehen und weiter aufschlagen. Die Kuvertüre bis auf etwa 40 °C schmelzen und ebenfalls unter die Buttermasse ziehen. Das Eiweiß mit dem Zucker zu steifem Schnee schlagen und mit einem Viertel davon die Schokoladenmasse locker rühren. Den restlichen Eischnee dazugeben und während des Unterhebens die gesiebte Mehl-Kakao-Mischung einrieseln lassen. Den Biskuit in zwei Ringe mit 20 cm Durchmesser streichen, auf ein Blech geben und bei 180 °C Umluft etwa 15 Minuten backen.

Macarons

Zubereitung: 20 Minuten plus 20–30 Minuten Trockenzeit
plus 15 Minuten Backzeit
Ergibt 25–30 gefüllte Macarons (4–4,5 cm Ø)

Zutaten

Spritzbeutel mit großer Lochtülle
115 g gemahlene Mandeln
115 g Puderzucker
2 Eiweiß (Größe L, 40 g)
Lebensmittelfarbe (nach Belieben)
115 g Zucker

Die Mandeln sieben und mit dem Puderzucker im Mixer zusammen mixen. So werden die Mandeln noch feiner. Auf keinen Fall so lange mixen, bis die Mischung warm wird beziehungsweise anfängt zu kleben! Je nachdem welchen Mahlgrad die verwendeten Mandeln haben, kann man diesen Schritt auch überspringen.

Diese Mischung mit 1 Eiweiß zu einer Paste verrühren. **1** Wenn Farbe gewünscht wird, wird diese Paste jetzt gefärbt, am besten eignet sich Pulverfarbe. **2**

Den Zucker mit etwas Wasser in einem Topf bei mittlerer Temperatur zu einem Sirup aufkochen lassen. **3** Währenddessen das restliche Eiweiß zu Eischnee verschlagen. Beträgt die Temperatur des Sirups 118 °C, vorsichtig in den Eischnee laufen lassen. Diesen fertig steif schlagen. **4**

Ein Drittel des Eischnees mit einem Teigschaber unter die Mandelpaste rühren, dann den Rest unterarbeiten. **5** Diese Masse nur so lange mit dem Teigschaber bearbeiten, bis sie in der Schüssel ein wenig zusammenläuft. Die Konsistenz lässt sich gut prüfen, indem man den Teigschaber aus der Masse zieht und kontrolliert, wie sie davon abläuft: Wenn sie fast ohne zu reißen vom Schaber fällt, ist sie optimal. **6** Dieser Vorgang braucht ein wenig Erfahrung, die man nach mehreren Herstellungsvorgängen hat.

Die Macaronmasse in einen Spritzbeutel mit Lochtülle füllen und auf ein mit Backpapier ausgelegtes Blech dressieren. Sollte nach dem Dressieren eine kleine Spitze stehen bleiben, so lange von unten mit der flachen Hand gegen das Blech klopfen, bis die Teighäufchen etwas breiter gelaufen und die Spitzen verschwunden sind. Die Macarons auf den Blechen 20–30 Minuten antrocknen lassen (die Oberfläche sollte bei leichtem Druck mit dem Finger nicht mehr kleben), es kann aber je nach Luftfeuchtigkeit auch 1 Stunde dauern.

Im vorgeheizten Backofen bei 150 °C Umluft 14–18 Minuten backen. Ob sie fertig gebacken sind, lässt sich testen, indem man versucht, einen Macaron vom Backpapier zu lösen: Bleibt ein Teil der Masse auf dem Backpapier kleben, müssen sie noch weiter backen, bis sie sich komplett vom Papier lösen. Der Backvorgang variiert stark von Ofen zu Ofen, deswegen sollte dieser Test immer gemacht werden. Wenn man einmal die optimale Backzeit herausgefunden hat, kann beim nächsten Mal auf den Test verzichtet und dafür die Backzeit um 1 Minute verkürzt werden. Dann kleben die Macarons zwar in frischem Zustand noch ein wenig, aber da sie beim Abkühlen noch etwas nachtrocknen, kann man sie abgekühlt problemlos vom Backpapier lösen.

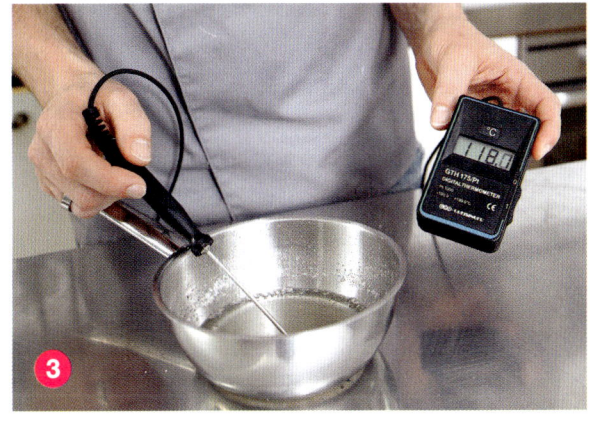

Herstellung eines Hefeteigs

Gerade bei Hefeteig gibt es unzählige Tipps, Hinweise und Vorgehensweisen, die sich immer etwas unterscheiden.

Zu beachten ist:

Alle Zutaten sollten kalt (!) verwendet werden. Die Hefe springt dann zwar nicht so schnell an, dafür ist die Teigbeschaffenheit beziehungsweise Festigkeit für die Verarbeitung um einiges besser. Außerdem lässt sich der Gärvorgang besser kontrollieren.

Ob frische oder trockene Hefe verwendet wird, hängt von der persönlichen Vorliebe ab, ich bevorzuge Frischhefe. Ein Tütchen Trockenhefe entspricht einem halben Würfel Frischhefe und ist bis zu einem halben Jahr haltbar. Wenn der Teig nach dem Abwiegen direkt geknetet wird, muss diese vorher auch nicht in der Flüssigkeit aufgelöst werden. Einzige Ausnahme ist hier die Herstellung eines Vorteiges, was aber nicht so häufig notwendig ist.

Wenn man »nach Gefühl« arbeiten möchte, ist es grundsätzlich immer besser, einen festen Teig durch Flüssigkeitszugabe weicher zu machen, als einen weichen Teig durch Mehlzugabe fester, denn der Kleber des später dazugegebenen Mehls kann sich nicht mehr vollständig entwickeln.

Grundsätzlich sollte man den Teig eher länger als kürzer kneten, da sich der Kleber erst durch das Kneten entwickelt.

Den Teig maximal bei Raumtemperatur gehen lassen. Erst wenn die einzelnen Stücke geformt sind, sollte man diese wärmer, aber bei höchstens 40 °C gehen lassen.

Und so einfach geht es:

▌ Alle Zutaten in eine Schüssel geben.

▌ Am besten mithilfe einer Küchenmaschine zu einem glatten Teig verkneten; bei einem Gesamtgewicht von etwa 1 Kilogramm dauert es bei mittlerer Stufe gute 5–8 Minuten.

▌ Ist der Teig geschmeidig, mit beiden Händen zu einer Kugel formen und mit einem Geschirrtuch oder Folie bedecken.

▌ Den Teig etwa 1 Stunde ruhen lassen und getrennt gut durchkneten.

▌ Noch einmal 30 Minuten gehen lassen, zusammen-kneten und wieder zu einer Kugel formen.

▌ Den Teig auf die gewünschte Dicke ausrollen und je nach Rezept weiterverarbeiten.

Teig tourieren

Tourierte (Hefe-)Teige sind auf jeden Fall eine Herausforderung. Das Ergebnis ist die Mühe aber wert.

Zu beachten ist:

Der große, aber entscheidende geschmackliche Unterschied zu gekauften Produkten liegt darin, dass man zu Hause Butter verwenden kann. Bei den wenigsten Halbfertigprodukten kommt diese zum Einsatz.

Der Hefeteig muss nicht zwangsläufig über Nacht im Kühlschrank ruhen, er sollte aber möglichst kalt sein, denn nichts ist schlimmer als ein Hefeteig, der während des Tourierens aufgeht.

Die Butter sollte nach dem Verkneten zwischen Backpapier auf die gewünschte Größe ausgerollt werden und am besten über Nacht in den Kühlschrank gelegt werden.

Beim Ausrollen muss darauf geachtet werden, dass man nicht zu viel Druck ausübt, da es sonst passieren kann, dass die Butterschicht nicht wie gewünscht bestehen bleibt. Die Zeit des Ausrollens sollte kurz sein und der Teig muss dabei möglichst kalt bleiben.

Die fertig geformten Stücke sollte man höchstens bei Raumtemperatur gehen lassen, sonst kann es schnell passieren, dass die Butter ausläuft und die gewünschte Blätterung beim Backen nicht entsteht.

Und so einfach geht es:

Den Teig herstellen und in Folie gewickelt über Nacht in den Kühlschrank legen. Den Teig gut durchkneten und zu einer Kugel formen.

Den Teig kreuzweise einschneiden. **2**

Die eingeschnittene Kugel aufklappen, es sollte sich ein Viereck formen lassen. **3** **4**

Zu einem großen Quadrat ausrollen und die vorbereitete Butterplatte auflegen. **5**

Die vier Ecken des Teiges so auf die Butter klappen, dass sie vollständig mit Teig bedeckt ist. Gut festdrücken. **6** **7**

Den Teig leicht bemehlen und zu einem Rechteck ausrollen. **8** **9**

Ein Drittel des Teigrechtecks zur Mitte klappen und das andere Drittel darüberlegen. 30 Minuten abgedeckt in den Kühlschrank legen. **10**

Die Teigplatte um 90 Grad drehen, wieder zu einem Rechteck ausrollen und je zwei Drittel übereinanderklappen. Nochmals 30 Minuten abgedeckt kalt stellen. **11**

Den Vorgang noch einmal wiederholen, dann kann der fertig »tourierte« Teig ausgerollt und für Croughnuts verwendet werden.

Croughnuts

Croughnuts sind in New York »erfunden« worden und basieren auf der Verschmelzung eines Croissant mit einem Doughnut.

Zubereitung: 15 Minuten Teigherstellung plus 8 Stunden Kühlzeit plus 2 Stunden Teig tourieren plus 30 Minuten Aufarbeitung und Frittieren
Ergibt 14–16 Stück

Zutaten

1 runder Ausstecher mit 8 cm Ø
1 runder Ausstecher mit 2,5–3 cm Ø

Für die Butter
250 g kalte Butter, gewürfelt
40 g Mehl

Für den Hefeteig
500 g Mehl
1 Würfel Hefe (42 g)
170 ml kalte Milch
8 g Salz
60 g Zucker
1 Ei (Größe M)
2 Eigelb
30 g Butter

Zum Frittieren
1 l hoch erhitzbares Pflanzenöl oder 1 kg Frittierfett
große Pfanne oder Topf

▌ Die gewürfelte Butter mit dem Mehl vermischen und so zügig wie möglich verkneten. Die Butter zwischen Backpapier zu einem etwa 1 cm dicken Quadrat ausrollen und am besten über Nacht kalt stellen.

▌ Für den Hefeteig alle Zutaten in eine Schüssel geben und am besten mit dem Knethaken der Küchenmaschine zu einem glatten Teig kneten. Wenn der Teig eine gute Elastizität aufweist, zu einer Kugel formen, in Folie wickeln und im Kühlschrank etwa

8 Stunden kalt stellen. Eine genaue Anleitung für den Hefeteig finden Sie auf Seite 18.

▌ Den Teig mit der Butter wie auf Seite 19–21 beschrieben verarbeiten (»tourieren«).

▌ Fertigstellung: Den tourierten Teig auf etwa 30 × 45 cm ausrollen. Dabei darauf achten, dass er immer wieder von der Arbeitsfläche abgehoben wird und sich zusammenziehen (»schnurren«) kann. Erst wenn er nach dem Schnurren 30 × 45 cm groß ist, kann er ausgestochen werden. Es muss dicht an dicht und leicht versetzt ausgestochen werden, dann erhält man aus einer Teigplatte 14–16 Croughnuts. Diese 30–60 Minuten mit einem Geschirrtuch abgedeckt gehen lassen.

▌ Das Fett erhitzen und mit einem Holzstiel die Temperatur prüfen: Bilden sich Bläschen am Holz, ist das Fett heiß genug. Sollte ein Thermometer vorhanden sein: Die ideale Temperatur liegt bei 160–170 °C. Je nach Größe der Pfanne oder des Topfes 3–5 Stück gleichzeitig frittieren. Wenn eine Seite goldgelb ist, die Croughnuts mithilfe von zwei Stäbchen oder Gabeln umdrehen. Dabei sollte jede Seite zweimal im Fett gelegen haben. Sind sie schön goldbraun gebacken, mit einem Schaumlöffel aus dem Fett nehmen und auf Küchenpapier legen. Zum Servieren beide Seiten in Zucker drücken. Frisch genießen!

Tipp: Teigreste können in kleine Stücke geschnitten werden. Diese auf ein Backpapier geben, mit Milch bestreichen, mit Zucker bestreuen und 30–60 Minuten gehen lassen. Bei 180 °C Umluft 14–18 Minuten goldgelb backen. Der Teig kann auch in kleineren Portionen eingefroren und zum Hefeteig des nächsten Blechkuchens gegeben werden.

Aus Luft & Liebe

Ob mit Eischnee oder durch die treibende Kraft der Hefe, es geht am Ende darum, zarte Luftbläschen im fertigen Gebäck zu haben. Daher ist die Liebe und Hingabe bei der Zubereitung hier besonders wichtig!

Brioches

Zubereitung: 15 Minuten Teigzubereitung plus 2 Stunden
Ruhezeit plus 20 Minuten Backzeit
Ergibt etwa 10 Stück

Zutaten

Briocheformen, Muffinformen oder Timbaleförmchen

Für die Brioches
280 g Mehl
2 Eier (Größe L)
20 g Hefe
110 g Butter, gewürfelt
25 g Zucker
3 g Salz
Milch zum Bepinseln

Alle Zutaten zusammen in der Küchenmaschine zu einem Teig kneten. Sobald er glatt ist, noch weitere 2 Minuten auf niedrigster Stufe kneten lassen. Abgedeckt 45 Minuten ruhen lassen, abermals kneten und noch einmal 45 Minuten gehen lassen.

Den Teig nochmals zusammenkneten und in die gewünschte Form geben. Nun so lange gehen lassen, bis er fast das doppelte Volumen aufweist und sich bei leichtem Druck mit den Fingern weich anfühlt. Vor dem Backen dünn mit Milch bepinseln. Die Brioches bei 160 °C Umluft etwa 20 Minuten backen.

Schokoladen-Brioches

Zubereitung: 25 Minuten plus Herstellung der Brioches

Zutaten

10 Brioches (siehe Rezept oben)

Für die Schokoladencreme
100 ml Milch
20 g Sahne
1 Eigelb
5 g Speisestärke
15 g Zucker
40 g Kuvertüre (70%), gehackt
20 g Butter, gewürfelt

Für die Schokoladenglasur
40 g Sahne
70 g Zucker
30 g Honig
10 g Kakaopulver
110 g Kuvertüre (70%), gehackt

Für die Schokoladencreme Milch, Sahne, Eigelb, Stärke und Zucker in einem Topf vermischen. Unter Rühren aufkochen und 2 Minuten köcheln lassen. Auf die Kuvertüre geben, gut vermischen und dann die Butter unterarbeiten. Mit Folie abgedeckt kalt stellen. Die Creme durchrühren und in einen Spritzbeutel geben.

Für die Glasur Sahne, Zucker, Honig und Kakao mit 60 ml Wasser aufkochen und über die gehackte Kuvertüre gießen. 1 Minute stehen lassen und so vermixen, dass keine Luftblasen untergezogen werden. Kurz vor der Verwendung auf etwa 40 °C bringen, beziehungsweise so stark erwärmen, dass sie flüssig genug zum Überziehen ist.

Vollendung: Die Brioches können entweder von unten gefüllt werden, oder man nimmt die Kugel ab und füllt sie darunter mit der Schokoladencreme. Wenn alle Brioches gefüllt sind, die Glasur in eine kleine Schüssel füllen und nacheinander die Kugel der Brioches darin eintauchen. Schmeckt frisch am besten!

Babas au Rhum

Eigentlich ein Klassiker, der gut gemacht aber richtig trendy wird! Hier nun das Grundrezept, auf das aufgebaut werden kann.

Zubereitung: 20 Minuten plus 2 Stunden Ruhezeit plus
20 Minuten Backzeit plus 10 Minuten zum Vollenden
Ergibt 12–14 Stück

Zutaten

2 Savarin-Silikonformen oder 12 Timbaleförmchen

Für den Vorteig

10 g Hefe
55 ml lauwarme Milch
45 g Mehl

Für den Hefeteig

105 g Mehl
1 g Salz
15 g Zucker
2 Eier (Größe M)
50 g zimmerwarme Butter

Für die Rumtränke

320 g Zucker
320 ml Wasser
240 ml Myers Rum
160 ml Orangensaft

Für den Vorteig die Hefe in der lauwarmen Milch auflösen und mit dem Mehl einen Vorteig zubereiten.
Den Vorteig etwa 30 Minuten stehen lassen. Für den
Hefeteig die restlichen Zutaten dazugeben und alles
zu einem glatten Teig verkneten. In die Formen spritzen
und 30–45 Minuten gehen lassen. Bei 170 °C etwa
20 Minuten backen.

Für die Rumtränke den Zucker mit dem Wasser
aufkochen. Etwa 5 Minuten abkühlen lassen und
anschließend den Rum und den Orangensaft
unterrühren. In eine Schüssel füllen.

Vollendung: Die ausgekühlten Babas so lange
in die lauwarme Tränke tauchen, bis sie sich richtig
vollgesogen haben. Zum Servieren am besten in
kleine Schälchen geben, da immer etwas Tränke
herauslaufen kann.

Süßholz-Kirsch-Babas

Zubereitung: 10 Minuten zum Vollenden

Zutaten

12–14 Babas (siehe Seite 28/29)

Für die Süßholztränke
80 g Zucker
1 TL Süßholzpulver
80 ml Wasser
100 ml Kirschsaft

Für das Kirschragout
50 g Zucker
120 g Kirschsaft
½ TL Süßholzpulver
50 g Gelierzucker 2:1
350 g Sauerkirschen aus dem Glas

Außerdem
150 g Sahne, steif geschlagen

Die Babas zubereiten und backen wie im Rezept beschrieben. Für die Süßholztränke den Zucker und das Süßholzpulver mit einem Schneebesen gut vermischen. Das Wasser in einen Topf geben und die Zuckermischung dazugeben. Einmal aufkochen, den Kirschsaft unterrühren und die Tränke warm verwenden.

Für das Kirschragout den Zucker goldgelb karamellisieren lassen, den Kirschsaft dazugeben und 2–3 Minuten köcheln lassen. Das Süßholzpulver mit dem Gelierzucker verrühren. Die Kirschen zum Sud geben und untermischen. Durch ein Sieb gießen und den Sud mit dem Gelierzucker vermischen. Aufkochen, 1 Minute köcheln lassen, dann die Kirschen wieder unterrühren. Das Ragout abgedeckt stehen lassen.

Vollendung: Die Babas in die Süßholztränke legen. Herausnehmen, in die Mitte je einen Löffel der Sahne und des Ragouts geben, dabei die Kirschen dekorativ verteilen.

Cassis-Babas

Zubereitung: 10 Minuten zum Vollenden

Zutaten

12–14 Babas (siehe Seite 28/29)

Für die Cassis-Tränke
100 ml Wasser
140 ml Cassis-Likör
40 ml Weißwein

Für die Sahne
50 g Magerquark
150 g Sahne
10 g Zucker

Außerdem
12 Rispen Rote Johannisbeeren

Die Babas zubereiten und backen wie im Rezept beschrieben. Für die Cassis-Tränke das Wasser in einem Topf aufkochen. Den Likör und den Weißwein dazugeben. Die Tränke warm verwenden.

Für die Sahne den Quark glatt rühren. Die Sahne mit dem Zucker steif schlagen und unter den Quark ziehen.

Vollendung: Die ausgekühlten Babas so lange in die lauwarme Tränke tauchen, bis sie sich richtig vollgesogen haben. Herausnehmen, den Sud etwas ablaufen lassen und die Babas auf einen kleinen Teller mit Rand oder in ein Schälchen setzen. Einen Löffel Sahne in die Mitte geben und ein paar abgezupfte Johannisbeeren darauf geben.

Mini-Hefe-Gugelhupf

Eigentlich ist ein Gugelhupf im klassischen Sinne aus Hefeteig hergestellt, was auch im Mini-Format prima funktioniert.

Zubereitung: 20 Minuten plus 30 Minuten Gehzeit plus
15 Minuten Backzeit plus 10 Minuten zum Vollenden
Ergibt etwa 20 Stück

Zutaten

20 Minigugelhupf-Formen
Spritzbeutel
½ Rezept Hefeteig (siehe Seite 28/29)

Für den Teig

10 g Rosinen, fein gehackt
10 g Cranberrys, fein gehackt
10 g geröstete Mandelblättchen, fein zerbröselt

Für die Tränke

30 g Zucker
30 ml Wasser
10 ml Kirschwasser

Für die Füllung

150 g Sahne
10 g Zucker
½ TL Zimtpulver

Den Hefeteig wie im Rezept beschrieben zubereiten, dabei die gehackten Rosinen und Cranberrys sowie die Mandelblättchen untermischen. Den Teig auf die Minigugelhupf-Formen verteilen und 30 Minuten gehen lassen. Bei 180 °C Umluft 10–15 Minuten backen.

Für die Tränke den Zucker mit dem Wasser erwärmen, bis sich der Zucker komplett aufgelöst hat. Etwas abkühlen lassen und das Kirschwasser dazugeben.

Für die Füllung die Sahne cremig schlagen, Zucker und Zimt dazugeben und die Sahne anschließend standfest aufschlagen.

Vollendung: Die gebackenen Mini-Gugelhupfe gleichmäßig mit der Tränke bestreichen und auskühlen lassen. Die Füllung mithilfe des Spritzbeutels in die Mitte dressieren und nach Wunsch dekorieren.

Tipp: Die Gugelhupfe lassen sich gebacken auch gut einfrieren. Zum Fertigstellen auftauen lassen, leicht anwärmen, tränken und wie oben beschrieben füllen.

Bunte Sommermacarons

Die Konsistenz von Macarons hängt stark von der verwendeten Füllung ab, je mehr Feuchtigkeit diese abgibt, desto frischer sollten sie genossen werden.

Zubereitung: 30 Minuten plus 1 Stunde Trockenzeit plus 15 Minuten Backzeit plus 15 Minuten zum Vollenden plus 3–4 Stunden Kühlzeit
Ergibt etwa 30 Stück

Zutaten

Spritzbeutel mit Lochtülle (10 mm)
Lebensmittelfarbe nach Wahl
1 Rezept Macarons (siehe Seite 16/17)

Für die Creme

130 g weiche Butter
25 g Puderzucker
110 g zimmerwarme Konfitüre oder Fruchtaufstrich nach Geschmack

Außerdem

frische Früchte oder Beeren

Die Macarons nach Rezept herstellen, dabei die Backzeit eher knapp halten, damit die Macarons nach dem Backen nicht ganz trocken sind. Sie sollten passend zu den verwendeten Früchten beziehungsweise nach dem persönlichen Geschmack eingefärbt werden.

Für die Creme die Butter und den Puderzucker leicht aufschlagen, dann die Konfitüre oder den Fruchtaufstrich nach und nach unterschlagen.

Vollendung: Die Creme mithilfe des Spritzbeutels auf eine Macaronhälfte dressieren, mit klein geschnittenen Früchten oder Beeren belegen und zusammensetzen. Die Macarons zugedeckt 3–4 Stunden in den Kühlschrank stellen. Etwa 1 Stunde vor dem Verzehr herausholen. An ganz heißen Tagen können Sie die Macarons auch kühlschrankkalt genießen.

Tipp: Macarons sind außerordentlich vielfältig; allerdings muss man zuerst den Fokus auf die Zubereitung der Macaronschalen legen. Beherrscht man deren Herstellung, sind der Kreativität beim Füllen der Macarons keine Grenzen gesetzt.

Macaron-Kaffeezungen

Zubereitung: 20 Minuten plus 15 Minuten Backzeit plus
20 Minuten zum Vollenden
Ergibt etwa 8 Stück

Zutaten

Spritzbeutel mit Lochtülle (10 mm)
1 Rezept Macarons (siehe Seite 16/17) plus
10 g Kakaopulver
8 Espressobohnen, zerbröselt

Für die Creme

80 g Butter
1 TL Instantkaffee
80 g Vollmilchkuvertüre, geschmolzen, 30 °C

Für die Füllung

160 g Birnen, fein gewürfelt
40 ml Apfelsaft
20 g Gelierzucker 1:1

Die Macaronmasse nach Rezept zubereiten, dabei den
Kakao am Anfang mit den Mandeln mischen. Statt runder Macarons 16 Streifen von etwa 12 cm Länge mithilfe
des Spritzbeutels dressieren und mit den zerbröselten
Espressobohnen bestreuen. Wie im Rezept beschrieben
trocknen und backen.

Für die Creme Butter und Instantkaffee schaumig rühren.
Die Vollmilchkuvertüre nach und nach unterschlagen.

Für die Füllung die Birnenwürfel mit dem Apfelsaft und
dem Gelierzucker in einem kleinen Topf vermischen
und aufkochen. Köcheln lassen, bis die Birnenwürfel
weich sind, aber noch etwas Biss haben.

Vollendung: Die Creme auf einer Hälfte der
Macarons als Rand aufdressieren. In der Mitte die
Birnenwürfel verteilen. Die Macarons zusammensetzen
und leicht kühlen.

Sternanis-Orangen-Macaronstreifen

Zubereitung: 20 Minuten plus 15 Minuten Backzeit plus
20 Minuten zum Vollenden
Ergibt etwa 8 Stück

Zutaten

Spritzbeutel mit Lochtülle (10 mm)
1 Rezept Macarons (siehe Seite 16/17) plus Abrieb
von 1 unbehandelten Orange

Für die Sternaniscreme:

100 ml Milch
1–2 Sternanis, zerstoßen
20 g Sahne
1 Eigelb
5 g Speisestärke
15 g Zucker
50 g Kuvertüre (70 %), gehackt
40 g Butter

Für die Orangenfüllung

120 g Orangenmarmelade; 1 Orange, filetiert

Die Macaronmasse nach Rezept zubereiten, dabei den
Orangenabrieb am Anfang mit den Mandeln mischen.
Für die Sternaniscreme Milch, Sternanis und Sahne
aufkochen und 10 Minuten ziehen lassen. Das Eigelb
mit Stärke und Zucker verrühren, die heiße Milch dazugeben und die Mischung durch ein Sieb zurück in den
Topf geben. Zu einer dicken Creme kochen und zu der
gehackten Kuvertüre geben. 1 Minute warten und die
Mischung gut durchrühren. Die Butter dazugeben und
ebenfalls gut unterrühren. Mit Folie abgedeckt auf
Raumtemperatur abkühlen lassen.

Für die Orangenfüllung die Orangenmarmelade unter
Rühren einmal aufkochen lassen. Die Orangenfilets in
Würfel schneiden, zugeben und einmal kurz aufkochen
lassen. Zugedeckt auf Raumtemperatur abkühlen lassen.

Vollendung: Wie bei den Kaffeezungen verfahren.

Zweifarbige Macarons zweifach gefüllt

Macarons bieten wunderbare Möglichkeiten, großen Aufwand zu betreiben und Eindruck zu schinden. Der Kreativität sind keine Grenzen gesetzt …

Zubereitung: 30 Minuten plus 1 Stunde Trocknen plus 15 Minuten Backzeit plus 15 Minuten zum Vollenden
Ergibt etwa 30 Stück

Zutaten

Spritzbeutel mit runder Lochtülle (5 mm und 10 mm)
1 Rezept Macarons (siehe Seite 16/17)
gelbe Lebensmittelfarbe

Für die Vanillefüllung

65 ml Milch
½ Vanilleschote, aufgeschnitten
150 g weiße Kuvertüre, gehackt
150 g Maracujakonfitüre

Die Macaronmasse nach Rezept zubereiten. Für die Vanillefüllung die Milch mit der Vanilleschote aufkochen und abgedeckt ziehen lassen. Nochmals erwärmen, die gehackte Kuvertüre dazugeben und die Mischung etwa 1 Minute stehen lassen. Die Vanilleschote herausnehmen und die Milch und die Kuvertüre zu einer homogenen Ganache verrühren.

Die Ganache zugedeckt über Nacht bei Raumtemperatur stehen lassen. Sie sollte am nächsten Tag spritzfähig sein, weder zu flüssig noch zu fest. Es liegt oft an der Kuvertüre, wenn das Ergebnis nicht so ist wie gewünscht. Sollte sie viel zu weich sein, muss die Masse nochmals auf etwa 50 °C erhitzt werden. Dann 10–20 Prozent der ursprünglichen Kuvertüremenge (also 15–30 g) zusätzlich dazugeben und unterrühren.

Ein Viertel der Macaronmasse abnehmen und mit der gelben Lebensmittelfarbe einfärben. Die weiße Masse in kleinen Kreisen auf Backpapier dressieren, dann jeweils mittig einen kleinen Punkt gelbe Masse dressieren. Das Ganze soll wie ein aufgeschnittenes Ei aussehen. Um diesen Eindruck noch zu verstärken, kann man das Papier nach dem Aufdressieren der weißen Masse schräg halten und dagegen klopfen, dann verläuft die Masse eiförmig. Das Ganze wie bei den Macarons beschrieben backen.

Vollendung: Die Vanilleganache mithilfe des Spritzbeutels kranzförmig auf eine Macaronhälfte dressieren, die Mitte mit der Maracujakonfitüre füllen und die zweite Macaronhälfte aufsetzen. Die Macarons einen Tag in einer verschlossenen Dose im Kühlschrank lagern und dann verzehren.

Windbeutel mit Himbeeren

Windbeutel sind – meiner Meinung nach zu Unrecht – etwas in der Versenkung verschwunden. Die Franzosen zeigen uns mit ihren tollen Rezepten, dass es auch anders geht.

Zubereitung: 70 Minuten inklusive Herstellung der Brandmasse
Ergibt 10–12 Stück

Zutaten

1 Rezept Brandmasse (siehe Seite 12/13)
Spritzbeutel mit Sterntülle

Für die Vanillesahne

350 g Sahne (mind. 33 % Fett)
20–30 g Zucker, je nach Geschmack
½ Vanilleschote
1 TL Himbeergeist
50 g Magerquark

Für die Himbeeren

400 g Himbeeren
1 EL Himbeerkonfitüre
1 TL Himbeergeist

Außerdem

Fett und Mehl für das Blech
Puderzucker zum Bestauben (nach Belieben)

Für die Windbeutel die Brandmasse nach Rezept zubereiten und mit zwei Löffeln oder (besser) mit einem Spritzbeutel auf ein leicht gefettetes und bemehltes Blech geben beziehungsweise dressieren. Den Backofen auf 180 °C Umluft vorheizen. Das Blech einschieben, die Temperatur auf 170 °C reduzieren und die Windbeutel etwa 25 Minuten goldbraun backen. Sie sollten dabei eher trockener gebacken werden, da im Inneren immer noch genügend Feuchtigkeit ist. Beim Backen gibt es viele verschiedene Varianten, ich verzichte auf zusätzliche Feuchtigkeit im Ofen (also kein Schälchen mit Wasser). Auf jeden Fall gilt, dass die Beutel schöner aufgehen, wenn mit Umluft gebacken wird. Windbeutel herausnehmen und abkühlen lassen.

Für die Vanillesahne die Sahne aufschlagen. Kurz bevor sie die gewünschte Konsistenz hat, den Zucker dazugeben. Die Sahne sollte sehr steif sein. Die Vanilleschote aufschneiden und das Mark herauskratzen. Vanillemark und Himbeergeist zum Quark geben. Gut verrühren, zunächst ein Drittel der Sahne untermischen und dann erst den Rest unterziehen.

Für die Himbeeren 3–4 Himbeeren zerdrücken, die Himbeerkonfitüre sowie den Himbeergeist dazugeben und alles gut verrühren. Die übrigen Himbeeren erst kurz vor dem Servieren untermischen.

Vollendung: Von den ausgekühlten Windbeuteln das obere Drittel abschneiden und beiseitelegen. Die Beutel bis knapp unter den Rand mit der Vanillesahne füllen, dann die Hälfte der Himbeeren auf alle Windbeutel verteilen und die Hälfte der restlichen Sahne dekorativ aufdressieren. Die übrigen Himbeeren verteilen, mit der restlichen Sahne vollenden und die beiseitegelegten Deckel aufsetzen. Nach Belieben mit Puderzucker bestauben und ganz frisch genießen!

Tipp: Natürlich schmeckt dieses Rezept auch mit anderen Beeren und Früchten. Wenn Sie das Gebäck vorbereiten möchten, können Sie die gebackenen, aber noch nicht gefüllten Windbeutel gut einfrieren. Sie sollten vor dem Füllen nur aufgetaut und kurz aufgebacken werden.

Karamell-Windbeutel

Windbeutel sind einfach und doch sehr faszinierend, mit Karamell kombiniert ein wortwörtlicher »Kracher«.

Zubereitung: 20 Minuten plus 25 Backzeit plus 20 Minuten zum Vollenden
Ergibt etwa 20 Stück

Zutaten

evtl. Einweghandschuhe
Spritzbeutel mit Tülle (15 mm)
1 Rezept Brandmasse (siehe Seite 12/13)

Für die Karamellcreme
250 ml Milch
30 g Butter
1 Ei
15 g Speisestärke
50 g Zucker

Für den Karamell
200 g Zucker

Außerdem
Fett und Mehl für das Backblech

Für die Karamellcreme die Milch mit 20 g Butter in einen Topf geben und bis an den Siedepunkt bringen. Das Ei mit der Stärke und 30 g Zucker verquirlen, die heiße Milch dazugeben und gut verrühren. Die Mischung zurück in den Topf geben, unter Rühren aufkochen und 1 Minute weiterköcheln lassen. Vom Herd nehmen.

Den übrigen Zucker zu dunklem Karamell schmelzen und mit der restlichen Butter verrühren. Die gekochte Creme unterrühren. Abgedeckt bis zur Verwendung auskühlen lassen.

Für die Windbeutel die Brandmasse nach Rezept zubereiten und mithilfe eines Spritzbeutels etwa 20 kleine Windbeutel auf ein ganz leicht gefettetes und gemehltes Backblech dressieren und backen. Nach dem Auskühlen mit der Creme füllen, am besten durch ein eingestochenes Loch im Boden.

Vollendung: Für den Karamell ein Drittel des Zuckers in einen möglichst kleinen, flachen Stieltopf geben und diesen bei mittlerer bis hoher Temperatur auf den Herd stellen. Warten, bis der Zucker zu schmelzen beginnt und leicht Farbe annimmt, dann den restlichen Zucker esslöffelweise dazugeben, aber immer erst, wenn der davor dazugegebene Zucker bereits geschmolzen ist. Dabei am besten nicht rühren, sondern den Topf in die Hand nehmen, leicht schwenken und den Zucker immer wieder von einer Seite zur anderen fließen lassen. Sobald der gesamte Zucker geschmolzen und gold- bis mittelbraun ist, den Topf von der Herdplatte nehmen und 2 Sekunden in eine Schüssel mit warmem Wasser halten. Dies verhindert, dass die Resthitze den Zucker verbrennen lässt. Die gefüllten Windbeutel mit der Oberseite in den Karamell tauchen, dafür am besten Handschuhe anziehen, sollte man doch einmal in den sehr heißen Karamell fassen, kann man ihn mit dem Handschuh etwas schneller abstreifen.

Die Windbeutel auf ein Backpapier setzen und bald essen, da der Karamell schnell feucht wird.

Windbeutel-Lollie

Mit der richtigen Füllung lassen sich Windbeutel auch gut zu einer Art Lollie aufspießen.

Zubereitung: 80 Minuten inklusive Herstellung der Brandmasse plus 4 Stunden Kühlzeit
Ergibt etwa 30 Stück

Zutaten

Spritzbeutel mit runder Tülle (5 mm)
20 Stiele oder Spießchen
1 Rezept Brandmasse (siehe Seite 12/13)

Für den Mürbeteig
25 g Zucker
50 g Butter
75 g Mehl

Für die Füllung
150 ml Milch
75 g Zucker
15 g Speisestärke
1 Eigelb
½ Vanilleschote, aufgeschnitten
120 g Butter, gewürfelt

Außerdem
Fett und Mehl für das Backblech

Für den Mürbeteig Zucker, Butter und Mehl verkneten. Zu einer Rolle mit etwa 3 cm Durchmesser formen und 30 Minuten kalt stellen. Inzwischen die Brandmasse nach dem Grundrezept zubereiten und etwa 30 Windbeutel auf ein ganz leicht gefettetes und bemehltes Backblech dressieren. Die Mürbeteigrolle in 30 dünne Scheiben schneiden und je eine Scheibe auf jeden Windbeutel auflegen. Bei 170 °C etwa 25 Minuten backen.

Für die Füllung 2 EL Milch abnehmen und mit Zucker, Stärke und dem Eigelb verrühren. Die restliche Milch mit der Vanilleschote aufkochen und 10 Minuten ziehen lassen. Die Eigelbmilch unterrühren und die Mischung bei mittlerer Temperatur unter ständigem Rühren aufkochen lassen. 1 Minute unter Rühren köcheln lassen, in eine Schüssel geben und mit Folie bedeckt abkühlen lassen.

Aus der abgekühlten Creme die Vanilleschote entfernen und die Creme aufschlagen, dabei nach und nach die Butterwürfel dazugeben. Aufschlagen, bis eine glatte Creme entstanden ist.

Vollendung: Die ausgekühlten Windbeutel an der Unterseite einstechen, zum Beispiel mit einer spitzen Tülle oder Ähnlichem. Die Creme in einen Spritzbeutel mit kleiner Tülle füllen und die Windbeutel von unten damit befüllen. Vorsichtig auf Stiele oder Spieße stecken und dabei darauf achten, die Oberseite der Windbeutel nicht zu durchstechen. Servieren.

Tipp: Diese gefüllten Beutel eignen sich auch wunderbar, um einen »Croqueembouche« zusammenzusetzen. Dafür ausreichend Zucker zu Karamell schmelzen und die Windbeutel damit (vorsichtig!) zusammensetzen.

Popcorn-Windbeutel

Gebackene Brandmasse, egal in welcher Form, lässt sich wunderbar füllen.
Einfach »ganz großes Kino«!

Zubereitung: 90 Minuten inklusive Zubereitung der
Brandmasse
Ergibt etwa 10 Stück

Zutaten

Spritzbeutel mit Lochtülle (15 mm)
1 Rezept Brandmasse (siehe Seite 12/13)

Für die Popcornmilch
60 g Popcornmais
10 ml Öl
320 ml Milch
Salz

Für die Popcornmousse
140 g Popcornmilch
15 g Zucker
25 g weiße Kuvertüre, fein gehackt
2 Blatt Gelatine, eingeweicht
180 g Sahne, cremig geschlagen

Für die Karamellglasur
40 g Zucker
40 g Sahne
10 g Butter
30 g Vollmilchkuvertüre, fein gehackt
¼ TL Fleur de Sel

Außerdem
Popcorn und Fleur de Sel zum Dekorieren
Fett und Mehl für das Backblech

Für die Windbeutel die Brandmasse nach dem Rezept
zubereiten und entweder mit einem Löffel in zehn
Häufchen auf ein leicht gefettetes und bemehltes Backblech geben oder mit einem Spritzbeutel Eclairs aufdressieren, also 10–12 cm lange gleichmäßige Streifen.

Bei 170 °C Umluft etwa 25 Minuten backen. Komplett
auskühlen lassen.

Für die Popcornmilch den Mais mit dem Öl bei mittlerer
Temperatur in einem flachen Topf komplett aufpoppen
lassen. Die Milch sowie 1 Prise Salz zugeben, aufkochen
und abgedeckt 10 Minuten ziehen lassen. Mit einem
Stabmixer pürieren und durch ein Sieb passieren.

Für die Popcornmousse die passierte Popcornmilch
(sie hat eine eher breiartige Konsistenz) mit dem
Zucker erneut erwärmen. Die weiße Kuvertüre sowie
die ausgedrückte Gelatine dazugeben und gut vermischen. Die Masse auf Raumtemperatur abkühlen
lassen. Noch einmal glatt rühren, ein Drittel der Sahne
untermischen und dann den Rest unterziehen. In
einen Spritzbeutel geben und mindestens 30 Minuten
kalt stellen.

Für die Karamellglasur den Zucker trocken karamellisieren und die Sahne zugeben. Von der Herdplatte
nehmen und warten, bis der Karamell sich komplett
gelöst hat. Die Butter zugeben und gut unterrühren.
Dann die Kuvertüre und das Fleur de Sel zugeben und
alles zu einer homogenen Masse vermischen. Die
Masse sollte etwa 35 °C warm sein.

Vollendung: Die gebackenen Windbeutel in der
Mitte auf- oder durchschneiden. Wenn man sie durch-
schneidet, können die Deckel separat mit der Glasur
überzogen werden, was manchmal einfacher ist. Die
Creme mit dem Spritzbeutel in die untere Hälfte dressieren und den (glasierten) Deckel aufsetzen. Zum
Glasieren die Glasur gerade so weit anwärmen, dass
sie zähflüssig ist, dann die Deckel mit der Oberseite
ungefähr zur Hälfte eintauchen. Solange die Glasur noch
flüssig ist, mit Popcorn und Fleur de Sel dekorieren.

Grüntee-Eclair mit Erdbeeren

Ob im Eclair, Windbeutel oder anderswo: Matchatee lässt sich wunderbar mit Erdbeeren kombinieren.

Zubereitung: 20 Minuten plus 25 Minuten Backzeit plus 20 Minuten zum Vollenden

Ergibt etwa 8 Stück

Zutaten

Spritzbeutel mit Lochtülle (15 mm)
1 Rezept Brandmasse (siehe Seite 12/13)

Für die Grünteecreme

1 TL Matcha-Grünteepulver
160 g zimmerwarme Butter, gewürfelt
2 Eiweiß (Größe M)
80 g Zucker

Außerdem

Fett und Mehl für das Backblech
24–32 Erdbeeren, je nach Größe
Puderzucker zum Bestauben

Für die Eclairs die Brandmasse nach dem Rezept zubereiten und mit einem Spritzbeutel in 10–12 cm lange Streifen auf ein leicht gefettetes und bemehltes Backblech aufdressieren. Bei 170 °C Umluft etwa 25 Minuten backen. Komplett auskühlen lassen.

Für die Grünteecreme das Matcha-Grünteepulver mit 1 EL Butter vermischen. Das Eiweiß mit dem Zucker über einem heißen Wasserbad so lange verrühren, bis sich der Zucker komplett aufgelöst hat. Dann zu steifem Schnee schlagen und, sobald dieser abgekühlt ist, die übrige Butter und die Butter-Grüntee-Mischung nach und nach unterschlagen. Sollte sich die Masse trennen, einfach geduldig weiterschlagen, sie wird wieder glatt.

Vollendung: Die Eclairs der Länge nach aufschneiden beziehungsweise die obere Hälfte komplett abschneiden. Dekorativ mit der Grünteecreme füllen, die Erdbeeren darauf anrichten und den Deckel auflegen. Mit Puderzucker bestauben.

Tipp: Noch schöner werden die Eclairs, wenn man den Deckel mit Fondant – am besten mit etwas Matchatee eingefärbt – glasiert.

Kokos-Eclair mit Ananas

Mit diesem Eclair fühlt man sich wie in der Südsee und hat trotz der Sahne ein locker-leichtes Gefühl.

Zubereitung: 20 Minuten plus 25 Minuten Backzeit plus
20 Minuten zum Vollenden
Ergibt etwa 8 Stück

Zutaten

Spritzbeutel mit Lochtülle (15 mm)
1 Rezept Brandmasse (siehe Seite 12/13)

Für die Kokoscreme

250 ml Kokosmilch
1 Eigelb
50 g Zucker
30 g Stärke
70 g Magerquark

Für das Ananasragout

250 g Ananas, klein gewürfelt
50 g Muscovadozucker

Außerdem

Fett und Mehl für das Backblech
30 g weiße Kuvertüre, geschmolzen
30 g Kokosraspel, geröstet

Für die Eclairs die Brandmasse nach dem Rezept zubereiten und mit einem Spritzbeutel in 10–12 cm langen Streifen auf ein leicht gefettetes und bemehltes Backblech aufdressieren. Bei 170 °C Umluft etwa 25 Minuten backen. Komplett auskühlen lassen.

Für die Kokoscreme die Kokosmilch in einem kleinen Topf aufkochen. Das Eigelb, den Zucker und die Stärke verrühren und in die heiße Kokosmilch einrühren. Unter ständigem Rühren aufkochen und etwa 1 Minute köcheln lassen. In eine Schüssel umfüllen und mit Folie abdecken. Auf Raumtemperatur abkühlen lassen, glatt rühren und den Quark unterziehen.

Für das Ananasragout die Ananaswürfel mit dem Zucker mischen und mindestens 30 Minuten ziehen lassen.

Vollendung: Die Eclairs mit der Kokoscreme und den Ananaswürfeln füllen. Die Deckel mit der weißen Kuvertüre und den Kokosraspeln dekorieren und aufsetzen.

Thymian-Zitronen-Windbeutelkranz

Aus Brandmasse lassen sich etliche verschiedene Kreationen herstellen, man sollte sie nach dem Füllen nur immer recht schnell verzehren.

Zubereitung: 20 Minuten plus 25 Minuten Backzeit plus
4 Stunden Kühlzeit plus 20 Minuten zum Vollenden
Ergibt einen Kranz mit etwa 24 cm Ø

Zutaten

Spritzbeutel mit Lochtülle (10 mm)
1 Rezept Brandmasse (siehe Seite 12/13)

Für die Zitronencreme

120 ml frisch gepresster Zitronensaft
20 ml Orangensaft
4 Zweige Thymian
Abrieb von 1 unbehandelten Zitrone
4 Eigelb
1 Ei
100 g Zucker
90 g Butter
20 ml Olivenöl
2 Blatt Gelatine, eingeweicht

Für die Baisermasse

1 Eiweiß
50 g Puderzucker

Außerdem

Fett und Mehl für das Backblech
weiße Schokoladenplättchen zum Dekorieren

Für den Kranz die Brandmasse nach dem Rezept zubereiten. Die Masse mithilfe des Spritzbeutels in etwa 20 Portionen kreisförmig mit je etwa 1 cm Abstand auf ein leicht gefettetes und bemehltes Backpapier dressieren. Bei 180 °C Umluft etwa 25 Minuten backen.

Für die Zitronencreme Zitronen- und Orangensaft, Thymian und Zitronenabrieb in einem Topf mischen und aufkochen. Das Eigelb mit dem Ei und dem Zucker in einer Schüssel verrühren. Die heiße Flüssigkeit dazugeben. Die Mischung zurück in den Topf geben und unter Rühren noch einmal aufkochen. Die Creme in eine Schüssel passieren. Butter, Olivenöl und die ausgedrückte Gelatine hinzufügen und mit dem Stabmixer glatt rühren, dabei soll die Masse wieder etwas zusammenfallen. Mit Folie abdecken und mindestens 4 Stunden kalt stellen.

Für die Baisermasse das Eiweiß mit der Hälfte des Puderzuckers steif schlagen, dann den restlichen Puderzucker unterziehen.

Vollendung: Den gesamten Kranz umdrehen, das geht am besten mithilfe einer Tortenscheibe. Die Böden der einzelnen Beutel jeweils einstechen. Die Zitronencreme in einen Spritzbeutel geben und alle Beutel damit befüllen. Wieder vorsichtig umdrehen. Die Oberfläche mit der weißen Schokolade, der Baisermasse und eventuell übrig gebliebener Zitronencreme dekorieren. Den Windbeutelkranz sofort servieren.

Schokoholic

Wer zu den bekennenden Schokoholics gehört, findet
in diesem Kapitel definitiv seinen Liebling. Ob einfach
oder aufwendig – bei diesem Thema ist das Neben-
sache. Am Ende zählt der Geschmack!

Brownies

Zubereitung: 15 Minuten plus 20 Minuten Backzeit
Ergibt etwa 1 Backblech (30 × 38 cm)

Zutaten

240 g Butter
180 g Kuvertüre (70 %), gehackt
300 g Zucker
4 Eier (Größe M)
150 g Mehl
100 g Walnusskerne, leicht geröstet und grob gehackt

Die Butter in einem kleinen Topf schmelzen und kurz aufkochen lassen. Die gehackte Schokolade dazugeben, 1 Minute stehen lassen und dann gut verrühren. Die Mischung sollte etwa 50 °C warm sein. Zucker und

Eier verquirlen und in die Schokoladenmasse einrühren. Das Mehl mit den Nüssen vermischen und unter die Masse rühren. Den Teig auf ein mit Backpapier ausgelegtes Blech gießen und gleichmäßig verstreichen. Bei 170 °C Umluft 15–20 Minuten backen: wer leicht klebrige Brownies mag, backt kürzer, wenn sie fester sein sollen, müssen sie etwas länger gebacken werden.

Tipps: Hier kann man auch sehr gut Schokolade anstelle von Kuvertüre nehmen, da es ja in erster Linie um den Schokoladengeschmack geht. Die Brownies werden eher flach; wenn Sie sie lieber dicker mögen, verwenden Sie einen Backrahmen oder eine eckige Form (etwa 25 × 25 cm). Dementsprechend die Brownies etwas länger backen.

Erdnussbutter-Brownies

Zubereitung: 15 Minuten plus 20 Minuten Backzeit
Ergibt etwa 1 Backblech (30 × 38 cm)

Zutaten

Spritzbeutel
1 Rezept Brownies (siehe oben)

Für den Belag
40 ml Milch
200 g gesalzene Erdnussbutter

Für die Glasur
60 ml Milch
30 g gesalzene Erdnussbutter
160 g Kuvertüre (70 %), gehackt
100 g geröstete, gesalzene Erdnüsse

Die Brownies nach dem Rezept zubereiten (eventuell die Walnusskerne weglassen). Den Teig auf dem Blech glatt streichen. Für den Belag die Milch in einem Topf

erwärmen, die Erdnussbutter dazugeben und glatt rühren. Die Mischung in einen Spritzbeutel füllen und in Streifen oder Punkten auf dem Brownieteig verteilen. Wie oben beschrieben backen und auskühlen lassen.

Für die Glasur die Milch mit der Erdnussbutter aufkochen und die gehackte Kuvertüre dazugeben. 2 Minuten stehen lassen und dann gut verrühren. Die Mischung auf die ausgekühlten Brownies streichen, die Erdnüsse darüberstreuen und die Brownies 1 Stunde auskühlen lassen. In die gewünschte Größe schneiden.

Tipp: Die Glasur mit der Milch ist nicht lange haltbar. Wer eine haltbarere Variante machen möchte, ersetzt die Milch komplett durch Erdnussbutter, dann wird die Glasur zwar nicht so flüssig und lässt sich nicht so leicht verteilen, die Brownies sind aber länger haltbar. Wobei …, warum sollten die Brownies eigentlich nicht sofort aufgegessen werden?!

Naked Cake »Just Chocolate«

Schokolade ist einfach und pur am besten, also darf ein Schokokuchen auch mal »nackt« sein.

Zubereitung: 20 Minuten plus 12 Stunden Kühlzeit plus
15 Minuten zum Vollenden
Ergibt etwa 12 Stücke

Zutaten

Spritzbeutel
1 Rezept Biskuit mit Kakao (siehe Seite 14/15),
gebacken in einer Springform mit 24 cm Ø

Für die Schokoladensahne
610 g Sahne
40 g Honig
1 Blatt Gelatine, eingeweicht
210 g Kuvertüre (70 %)

Für die Schokoladensauce
150 g Sahne
10 g Kakaopulver
75 g Kuvertüre (70 %), gehackt

Für die Schokoladensahne 220 g Sahne mit dem Honig aufkochen und die ausgedrückte Gelatine darin auflösen. Die Kuvertüre hacken und in der Sahne schmelzen. Ist eine homogene Masse entstanden, die restliche flüssige Sahne nach und nach unterrühren. Die Mischung am besten über Nacht zugedeckt kalt stellen. Am nächsten Tag wie Sahne steif aufschlagen. Dabei nicht zu lange schlagen, die Mischung kann leicht überschlagen werden. Sie sollte gerade nicht mehr cremig sein, aber auch nicht zu fest.

Für die Schokoladensauce die Sahne mit dem Kakao aufkochen und auf die gehackte Kuvertüre gießen. 2 Minuten stehen lassen und dann gut verrühren. 30 Minuten abkühlen lassen.

Vollendung: Den Biskuit in vier dünne Böden schneiden und diese nebeneinander legen. Über alle Böden – bis auf den obersten – schwungvoll, aber gleichmäßig, mit einem Löffel die Schokoladensauce verteilen. Die Schokoladensahne in einen Spritzbeutel mit Sterntülle geben und auf vier Teigböden nicht zu dicht aneinander Tupfen dressieren. Wenn die Sahne komplett verbraucht ist, die Böden aufeinandersetzen und leicht festdrücken. Die Schokoladensauce kann ruhig am Rand herunterlaufen.

Tipp: Für eine exaktere Optik kann der Biskuit vor der Verwendung umgedreht werden, dann bekommt man eine gerade Oberfläche. Wenn man es hingegen rustikal mag, sollte man die fünf Böden einzeln backen, dann hat jeder eine individuelle Oberfläche.

Schokocookies

Ein Cookie ist zum einen immer schnell gemacht und zum anderen einfach und lecker. Vor allem in der Schokoladenvariante.

Zubereitung: 15 Minuten plus 15 Minuten Backzeit
Ergibt etwa 20 Stück

Zutaten

eventuell Eisportionierer
100 g Butter
130 g Zucker
1 Ei (Größe M)
220 g Mehl
½ TL Natron
10 g Kakaopulver
90 g Kuvertüre (55 %), gehackt
60 g weiße Kuvertüre, gehackt
50 g Pekannusskerne, gehackt

Butter und Zucker in einer Schüssel leicht cremig schlagen. Das Ei unterarbeiten. Mehl, Natron, Kakao, beide gehackten Kuvertüresorten und die Pekannüsse in einer Schüssel vermischen. Zur Butter-Zucker-Mischung geben und alles gut verkneten.

Vollendung: Sie können den Teig entweder zu Rollen formen, kalt stellen und später in Scheiben schneiden. Oder man gibt ihn mithilfe des Eisportionierers portionsweise direkt auf ein mit Backpapier ausgelegtes Blech. Bei 150 °C 12–14 Minuten backen.

Variante: Auch hier kann – wie bei den hellen Cookies – variiert werden, indem man die Teigstücke in einen Belag nach Wahl drückt (siehe Seite 72/73).

Schokoladen-Croughnuts

Zubereitung: 15 Minuten plus 8 Stunden Kühlzeit plus
2 Stunden Teig tourieren plus 30 Minuten Aufarbeitung
und Frittieren
Ergibt 14–16 Stück

Zutaten

je 1 runder Ausstecher (8 cm und 2,5–3 cm Ø)
1 Rezept Croughnuts (siehe Seite 22)
30 g Kakaopulver

Den Teig zubereiten wie im Grundrezept Seite 18–23
beschrieben. 10 g Kakao werden zum Mehl der Butter
dazugegeben, die anderen 20 g Kakao kommen zum
Mehl des Hefeteigs.

Tipp: Noch schokoladiger wird es, wenn die
Croughnuts mit einer Buttercreme aus Schokolade
gefüllt werden. Allerdings macht sich helle Schokolade
auch super als Glasur.

Schoko-Karamell-Croughnuts

Zubereitung: 20 Minuten plus Herstellungszeit der
Croughnuts
Ergibt 14 Stück

Zutaten

Spritzbeutel
14 fertige Schokoladen-Croughnuts (siehe Rezept
oben)

Für die Karamellsauce

150 g Zucker
80 g Sahne
1 g Maldon Sea Salt
40 g Butter

Für die Karamellsauce den Zucker in einem Topf trocken
goldgelb karamellisieren. Die Sahne mit dem Salz aufkochen und den Karamell damit ablöschen. 2 Minuten
leicht köcheln lassen und dann die Butter untermixen
beziehungsweise mit einem Schneebesen gut unterrühren. Die Karamellsauce auf Raumtemperatur abkühlen lassen.

Vollendung: Die Croughnuts in der Mitte quer durchschneiden. Die Karamellsauce in einen Spritzbeutel
geben und das untere Croughnut-Teil damit befüllen.
Die obere Hälfte aufsetzen und die Oberfläche ebenfalls
nach Wahl mit der Sauce und etwas Salz dekorieren.
Die Croughnuts frisch servieren und genießen!

Tipp: Zu dieser Kombination passen wunderbar
geschmorte Birnen, Äpfel oder Quitten.

Minigugelhupf Schoko-Orange

Nicht jeder findet diese Kombination auf Anhieb gut, wenn man aber das richtige Verhältnis findet, schmeckt es wunderbar.

Zubereitung: 15 Minuten plus 15 Minuten Backzeit plus
15 Minuten zum Vollenden
Ergibt 16–18 Stück

Zutaten

16–18 Minigugelhupf-Formen
16–18 Mini-Pipetten (Laborbedarf)

Für die Gugelhupfe

35 g Zucker
60 g Butter
½ TL Abrieb von 1 unbehandelten Orange
1 Ei
40 g Kuvertüre (70 %), geschmolzen
65 g Mehl
½ TL Backpulver

Für die Glasur

10 ml Orangensaft
50 g Puderzucker

Außerdem

30 ml Orangenlikör

Für die Gugelhupfe den Zucker mit der Butter und dem Orangenabrieb schaumig schlagen. Zuerst das Ei und dann die geschmolzene Kuvertüre unterrühren. Das Mehl mit dem Backpulver vermischen und ebenfalls unterrühren. Den Teig in die Formen füllen und bei 180 °C Umluft 10–15 Minuten backen.

Für die Glasur den Orangensaft mit dem Puderzucker glatt verrühren.

Vollendung: Die noch warmen Gugelhupfe mit der Glasur überziehen. Die Pipetten mit dem Orangenlikör füllen und zum Servieren in die Gugelhupfe stecken. Jeder dosiert so die Menge selbst.

Schokoladen-Marshmallow-Whoopies

Wer die Herstellung von Macarons (noch) scheut, kann sich bei den Whoopies erst einmal so richtig ausleben.

Zubereitung: 15 Minuten plus 15 Minuten Backzeit plus 10 Minuten zum Vollenden
Ergibt etwa 8 Stück

Zutaten

eventuell Zuckerthermometer
Spritzbeutel mit Lochtülle (10 mm)

Für den Teig

50 g Zucker
2 Eier (Größe M)
70 g Butter
70 g Kuvertüre (70 %), gehackt
40 g Mehl

Für die Marshmallowfüllung

110 g Zucker
10 g Glukosesirup oder Honig
40 g Himbeerpüree ohne Kerne
1 Eiweiß
2 Blatt Gelatine, eingeweicht

Außerdem

Kuvertüre (70 %), geschmolzen (nach Belieben)

Für den Teig den Zucker mit den Eiern dickcremig aufschlagen. In der Zwischenzeit Butter und gehackte Kuvertüre über dem heißen Wasserbad schmelzen. Das Mehl zügig unter den Eischaum schlagen und anschließend die lauwarme Kuvertüremischung unterrühren. Wenn die Masse zähflüssig ist, in einen Spritzbeutel füllen und 16 Whoopies auf ein mit Backpapier belegtes Backblech dressieren. Bei 160 °C Umluft 12 Minuten backen. Auf dem Blech auskühlen lassen, sie zerbrechen leicht, wenn sie noch warm sind.

Für die Marshmallowfüllung den Zucker mit Glukosesirup oder Honig und dem Himbeerpüree auf 120 °C kochen (oder 3–4 Minuten köcheln lassen). In der Zwischenzeit das Eiweiß aufschlagen und den heißen Sirup einlaufen lassen. Die Gelatine abtropfen lassen und in einem heißen Topf auflösen. Ebenfalls zu dem Eischnee geben. So lange bei mittlerer Stufe laufen lassen, bis die Masse noch handwarm ist.

Vollendung: Die Marshmallowmasse in einen Spritzbeutel geben und auf die Hälfte der Whoopies spritzen. Dabei bestimmt die Temperatur der Masse die Spritzfähigkeit und Formstabilität, also einfach mal ausprobieren. Die andere Hälfte der Whoopies auf die Füllung setzen. Nach Belieben mit Kuvertüre dekorieren.

Schokoladen-Glühwein-Whoopies

Eine beschwipste Variante der Whoopies sollte jeder parat haben.

Zubereitung: 15 Minuten plus 15 Minuten Backzeit plus
10 Minuten zum Vollenden
Ergibt etwa 8 Stück

Zutaten

Spritzbeutel mit Lochtülle (10 mm)

Für die Whoopies
1 Rezept Schokoladenteig für Whoopies
(siehe Seite 66/67)
1 TL Zimtpulver

Für die Glühweinfüllung
220 ml Glühwein
2 Eigelb
10 g Speisestärke
20 g Zucker
40 g Butter

Die Whoopies zubereiten wie im Rezept beschrieben, dabei den Zimt unter das Mehl mischen.

Für die Glühweinfüllung den Glühwein aufkochen. Das Eigelb mit der Stärke und dem Zucker verrühren und den heißen Glühwein dazugeben. Unter ständigem Rühren aufkochen lassen, 1 Minute weiterköcheln lassen und in eine Schüssel umfüllen. Die Butter gut unterrühren und die Oberfläche der Mischung mit Folie abdecken. Bei Raumtemperatur auskühlen lassen.

Vollendung: Die ausgekühlte Creme nochmals glatt rühren, in einen Spritzbeutel füllen und die Whoopies wie im Rezept auf Seite 66/67 beschrieben damit füllen. Whoopies fertigstellen.

Push-Up-Cake Karamell-Banane

Da bei einem Push-Up-Cake die unterschiedlichen Konsistenzen für die Standfestigkeit nicht wichtig sind, kann man hier sehr frei vorgehen.

Zubereitung: 30 Minuten plus 20 Minuten Backzeit plus
30 Minuten zum Vollenden
Ergibt etwa 10 Stück

Zutaten

10 Push-Up-Cake-Formen
1 Rezept Schokoladenteig für Whoopies
(siehe Seite 66/67)

Für den Karamell

80 g Zucker
60 g Sahne
Salz
50 g Butter

Für das Bananenragout

1–2 Bananen (etwa 300 g)
20 g Tamarindenpüree

Außerdem

100 g Butter

▌ Für die Böden den Schokoladenteig nach Rezept zubereiten und entweder flächig auf ein mit Backpapier ausgelegtes Backblech geben oder kleine Kreise aufdressieren. Bei 160 °C 12 Minuten backen und nach dem Auskühlen entweder ausstechen oder (wenn man die richtige Größe getroffen hat) direkt verwenden.

▌ Für den Karamell den Zucker goldgelb karamellisieren lassen und mit der Sahne ablöschen. Etwas Salz dazugeben und so lange stehen lassen oder leicht erwärmen, bis der Karamell wieder komplett gelöst ist. Die Butter untermischen.

▌ Für das Bananenragout die Hälfte der Karamellsauce nochmals erwärmen. Die Bananen schälen und in kleine Würfel schneiden. In den Karamellsud geben und einmal aufkochen lassen. Mit dem Tamarindenpüree abschmecken.

▌ Die Butter aufschlagen und die abgekühlte Karamellsauce nach und nach dazugeben.

Vollendung: Alle Bestandteile in der gewünschten Reihenfolge in die Push-up-Cake-Formen schichten und gekühlt servieren.

Blondies

Die Alternative zu den dunklen Brownies, mit einem kleinen Trick nochmals gedreht.

Zubereitung: 15 Minuten plus 35 Minuten Backzeit
Ergibt etwa ein Backblech (30 × 38 cm) mit dünnen
Blondies oder einen Backrahmen/quadratische Form
(25 × 25 cm) mit dickeren Blondies

Zutaten

150 g Butter
50 ml Walnussöl
230 g weiße Kuvertüre oder karamellisierte weiße
Schokolade (siehe Tipp), gehackt
80 g Zucker
110 g Muscovadozucker
3 Eier (Größe M)
320 g Mehl
1 TL Backpulver
150 g geröstete und gesalzene Macadamianusskerne

Die Butter mit dem Öl in einen Topf geben und schmelzen. Einmal aufkochen lassen. Die weiße Kuvertüre oder Schokolade dazugeben, 1 Minute stehen lassen und anschließend gut verrühren.

Zucker, Muscovadozucker und die Eier leicht verquirlen und mit der Schokoladenmasse vermischen. Das Mehl mit dem Backpulver mischen und ebenfalls unterrühren. Die Masse auf das mit Backpapier ausgelegte Blech beziehungsweise in den Backrahmen oder die eckige Form geben (jeweils mit Backpapier ausgelegt). Die Nüsse grob hacken und aufstreuen, dabei am besten gleich so verteilen, dass man nachher Stücke in gewünschter Größe schneiden kann, ohne dass die Nüsse stören. Die Blondies bei 170 °C Umluft 25–35 Minuten backen. Nach dem Auskühlen in Stücke schneiden.

Varianten: Es können alle möglichen Arten von Nüssen verwendet werden. Auch Trockenfrüchte wie beispielsweise Cranberrys oder Kumquats eignen sich wunderbar als Ergänzung. Bei der Verwendung von Kumquats kann auch zusätzlich Orangenabrieb unter den Teig gemischt werden.

Tipp: Karamellisierte weiße Schokolade kann man gut selbst machen: einfach die gewünschte Menge fein hacken und in einer Schicht auf ein Backpapier (besser: eine Silikonbackmatte) geben. Bei 120 °C Umluft im Ofen backen, bis die Schokolade an einigen Stellen bräunt. Ab diesem Zeitpunkt muss die Schokolade alle 3–4 Minuten auf dem Blech umgerührt werden, bis sie eine einheitliche goldbraune Farbe angenommen hat. Nachdem die Schokolade die gewünschte Farbe (den gewünschten Geschmack) angenommen hat, in einen hohen Rührbecher füllen und gut durchmixen, bis sie wieder glatt und flüssig geworden ist. Wie normale weiße Schokolade verwenden.

Weiße Cookies mit feinen Belägen

Zubereitung: 10 Minuten plus 1 Stunde Kühlzeit plus
15 Minuten Backzeit und 10 Minuten zum Vollenden
Ergibt etwa 15 Stück

Zutaten

eventuell Eisportionierer

110 g Butter

75 g Zucker

75 g Farin- oder Muscovadozucker

1 Ei (Größe M)

160 g Mehl

½ TL Natron

½ TL Salz

150 g weiße Schokoladendrops oder gehackte
Schokolade

Für verschiedene Beläge

Walnusskerne, Haferflocken, Vollmilchschokolade,
Pistazien, Cranberrys, weiße Schokolade, geröstete
Erdnusskerne, Fleur de Sel, dunkle Schokolade

Die Butter und beide Sorten Zucker schaumig schlagen.
Das Ei dazugeben und die Mischung weiter aufschlagen.
Das Mehl mit Natron und Salz mischen und gut unterkneten beziehungsweise in der Küchenmaschine unterarbeiten. Als Letztes die Schokoladedrops oder -stück-
chen dazugeben. Es sollte ein eher weicher Teig sein.

Den Teig mit dem Eisportionierer in etwa 15 Portionen
(je etwa 30 g) auf ein Backblech setzen.

Vollendung: Auf die Teighäufchen den ausgewähl-
ten Belag streuen oder den Belag leicht in den Teig
hineindrücken. Wer die Cookies richtig soft mag, backt
sie bei 150 °C etwa 10 Minuten. Ich persönlich mag sie
lieber, wenn sie 14 Minuten gebacken sind. Aber das
Resultat hängt natürlich auch vom Ofen ab. Am besten,
man experimentiert ein bisschen herum, so findet man
bald die bevorzugte Konsistenz heraus.

Weiße Cookie-Erdnuss-Whoopies

Zubereitung: Cookies herstellen plus 15 Minuten plus
2 Stunden Kühlzeit
Ergibt etwa 12 Stück

Zutaten

1 ½-faches Rezept »Weiße Cookies mit Erdnussbelag«
(siehe Rezept oben), eventuell rund ausgestochen
Spritzbeutel mit Tülle (10 mm)

Für die Erdnussmousse

130 g Kuvertüre (70 %), gehackt

65 g Erdnussbutter

2 Eigelb

50 g Zucker

310 g Sahne, cremig geschlagen

1 ½ Blatt Gelatine, eingeweicht

30 g geröstete Erdnüsse, grob gehackt

Für die Erdnussmousse die Kuvertüre und die Erdnussbutter über dem heißen Wasserbad bei 55 °C schmelzen. Das Eigelb mit dem Zucker verrühren und über
dem heißen Wasserbad erwärmen, bis die Masse so
heiß ist, dass es am Finger sticht, wenn man ihn hinein-
hält. Die Masse dickcremig aufschlagen.

Ein Viertel der Sahne unter die Schokoladen-Erdnuss-
Mischung rühren. Die Gelatine ausdrücken und in
einem kleinen Topf auflösen. 2 EL Eigelbschaum unterrühren. Die Schokoladencreme und den restlichen
Eigelbschaum unterheben. Die restliche Sahne unterheben und die gehackten Erdnüsse unterziehen.

Vollendung: Die Mousse auf die Hälfte der Cookies
dressieren und die Deckel aufsetzen. Wenn die Mousse
noch nicht fest ist, die gefüllten Cookies etwa 30 Minuten kalt stellen und dann erst die Deckel aufsetzen.

Nugat-Cake-Pop-Fratzen

Mit Nugat lassen sich Cake-Pops wunderbar kombinieren. Wenn dann noch Gewürze oder Gewürzlikör aromatisieren, kann Weihnachten kommen.

Zubereitung: 20 Minuten plus 2 Stunden Kühlzeit plus 20 Minuten zum Vollenden

Ergibt etwa 20 Stück

Zutaten

20 Lolliestiele

Für die Cake-Pops

etwa 400 g Kuchenreste, am besten Schoko-kuchen/Mürbeteig

2 EL Lebkuchenlikör oder anderer Likör

etwa 70 g weicher Nugat

etwa 70 g dunkle oder Vollmilchschokolade, geschmolzen

Für die Dekoration

300 g weiße Kuvertüre, vorkristallisiert

2 EL Kakaobutter, gefärbt

2 EL dunkle Kuvertüre (nach Belieben)

Für die Cake-Pops die Kuchenreste fein zerbröseln und mit dem Likör vermischen. Zuerst den Nugat unterkneten, dann die Schokolade nach und nach dazugeben. Die Masse sollte genügend Bindung bekommen, sodass sie formbar ist. Je nach Feuchtig-keitsgehalt der Brösel variiert die Zugabemenge von Nugat/Schokolade. Die Masse portionieren und in ver-schiedene ovale Formen bringen. Die Lolliestiele mit der Spitze in Kuvertüre tauchen, in die Ovale stecken und 2 Stunden im Kühlschrank fest werden lassen.

Für die Dekoration aus der weißen Kuvertüre und der gefärbten Kakaobutter verschiedene Augen(paare) auf Folie aufspritzen. Komplett festwerden lassen.

Vollendung: Die weiße Kuvertüre in eine hohe Schüssel geben und die Cake-Pops nacheinander damit überziehen. Die Augen erst aufkleben, kurz bevor die Kuvertüre ganz fest geworden ist. Wenn es zu früh gemacht wird, rutschen sie am Cake-Pop ab. Nach dem Festwerden können mit der dunklen Kuvertüre nach Wunsch mithilfe eines Stäbchens Münder aufgemalt werden.

Tipp: Wenn es mal schneller gehen muss, können Sie sich mit gekauften »Augen« behelfen.

Aufsehenerregend

Zugegeben, für die meisten der folgenden Rezepte
braucht man schon etwas mehr Zeit. Ich schaue zwar
selber gerne, dass sich der Aufwand in gesunden
Grenzen hält, aber für die ein oder andere Kreation
strengt man sich doch gerne ein bisschen mehr an.

Erdbeer-Croughnuts

Erdbeere mal anders! Gerade die Erdbeere eignet sich hervorragend für eine Kombination mit Lebkuchen(-gewürz)!

Zubereitung: 20 Minuten plus Zubereitung der Croughnuts plus 20 Minuten zum Vollenden
Ergibt etwa 14 Stück

Zutaten

Spritzbeutel
14 Schoko-Croughnuts oder Schoko-Karamell-Croughnuts (siehe Seite 62/63)

Für die Lebkuchencreme

225 ml Milch
50 g Zucker
¼ TL Lebkuchengewürz
1 Eigelb
10 g Speisestärke

Außerdem

400 g Erdbeeren

▌ Die Croughnuts nach Rezept zubereiten und backen. Abkühlen lassen und halbieren.

▌ Für die Lebkuchencreme die Milch mit der Hälfte des Zuckers und dem Lebkuchengewürz aufkochen. Das Eigelb, den restlichen Zucker sowie die Stärke in einem zweiten Topf verrühren. Die heiße Flüssigkeit dazugeben und die Mischung bei niedriger Temperatur unter ständigem Rühren aufkochen. 1 weitere Minute köcheln lassen. Den Topf abdecken und die Creme abkühlen lassen.

Vollendung: Die Lebkuchencreme glatt rühren, in einen Spritzbeutel geben und die halbierten Croughnuts damit füllen. Die Erdbeeren waschen, trockentupfen und je nach Größe halbieren, vierteln oder in Scheiben schneiden. Auf der Creme verteilen. Die Croughnuts wieder zusammensetzen. Unbedingt ganz frisch genießen!

Mango-Vanille-Croughnuts

Ein frischer Croughnut ist schon sehr gut. Wird dieser auch noch gefüllt, hat man etwas wirklich Großartiges.

Zubereitung: 20 Minuten plus Zubereitung der Croughnuts plus 20 Minuten zum Vollenden
Ergibt etwa 14 Stück

Zutaten

Spritzbeutel
14 Croughnuts (siehe Seite 22/23)

Für die Vanillecreme
230 ml Milch
50 g Zucker
ausgekratztes Mark von ¼ Vanilleschote
1 Eigelb
15 g Speisestärke
30 g Ziegenfrischkäse oder normaler Quark

Für das Mangoragout
1 reife Mango

Die Croughnuts nach Rezept zubereiten und backen.

Für die Vanillecreme die Milch mit der Hälfte des Zuckers und dem Vanillemark aufkochen. Dann abgedeckt 10 Minuten ziehen lassen. Das Eigelb, den restlichen Zucker sowie die Stärke dazugeben, kräftig verrühren und bei niedriger Temperatur unter ständigem Rühren aufkochen. 1 weitere Minute köcheln lassen. Wenn nötig, durch ein Sieb streichen und abgedeckt auskühlen lassen. Die Vanillecreme glatt rühren, den Frischkäse oder Quark dazugeben und gut unterrühren. Die Creme in einen Spritzbeutel füllen.

Für das Mangoragout die Mango schälen, das Fruchtfleisch vom Kern schneiden und zwei Drittel in möglichst gleichmäßige, kleine Würfelchen schneiden. Das restliche Fruchtfleisch mit dem Stabmixer pürieren und mit den Würfeln vermischen. In einen Spritzbeutel mit großer Lochtülle füllen.

Vollendung: Die Croughnuts zweimal quer durchschneiden. Auf die unteren beiden »Ringe« die Mangowürfel verteilen. Darauf die Vanillecreme geben und die Croughnuts wieder zusammensetzen. Frisch genießen!

S'monut

An amerikanischen Lagerfeuern gibt es oft »S'Mores«: ein Keks, gefüllt mit Schokolade und Marshmallow, der über dem Lagerfeuer erwärmt wird. Um dem Croughnut-Phänomen nachzueifern, wurde so der »etwas« süßere S'monut kreiert.

Zubereitung: 10 Minuten plus 90 Minuten Ruhezeit plus 20 Minuten Backzeit plus 15 Minuten zum Vollenden

Ergibt etwa 10 Stück

Zutaten

Zuckerthermometer

eventuell Spritzbeutel

10 Doughnuts (siehe Seite 124/125)

Für die Schokostreusel

35 g Butter

35 g Zucker

10 g gemahlene Mandeln

5 g Kakaopulver

50 g Mehl

Für die Marshmallow-Creme

140 g Zucker

50 g Traubenzucker

50 ml Wasser

2 Blatt Gelatine, eingeweicht

▌ Die Doughnuts nach Rezept zubereiten und backen.

▌ Für die Schokostreusel alle Zutaten mit den Fingern zu kleinen Streuseln verarbeiten. Die Streusel auf einem mit Backpapier ausgelegten Blech ausbreiten und bei 180 °C Umluft 8–10 Minuten backen.

▌ Für die Marshmallow-Creme Zucker und Trauben-zucker mit dem Wasser aufkochen und bei 110 °C 1 Minute köcheln lassen. Die Gelatine ausdrücken, zum heißen Sirup geben und die Mischung in der Küchenmaschine oder mit dem Handrührgerät zu einer cremigen Masse rühren.

Vollendung: Entweder die Doughnuts in die Marshmallowcreme eintunken oder diese mit einem Spritzbeutel aufdressieren. Die Schokostreusel darüberstreuen und die S'monuts gleich servieren.

Tipp: Zusätzlich können die S'monuts noch mit Schokoladenpudding gefüllt werden, dafür einfach quer auseinanderschneiden, füllen und die oberen Hälften wieder aufsetzen.

Surprise Cake »Bilderkuchen«

Eine einfache Variante für Überraschungen im Kuchen ist es, die gewünschte Form aus einer andersfarbigen Füllung auszustechen und im Kuchen zu platzieren.

Zubereitung: 30 Minuten plus 40 Minuten Backzeit plus
30 Minuten zum Vollenden
Ergibt etwa 20 Stücke

Zutaten

Kastenform (25 cm lang)
Ausstecher in gewünschtem Motiv
eventuell Spritzbeutel

Für die Rührmasse
220 g Zucker
380 g Butter
ausgekratztes Mark von ½ Vanilleschote
7 Eier
430 g Mehl
7 g Backpulver
70 g Kuvertüre (70 %), geschmolzen (für ein Drittel der Grundmasse)

Außerdem
Fett und Mehl für die Form

Für die Rührmasse Zucker, Butter und Vanillemark schaumig schlagen. Die Eier nach und nach unterschlagen. Die Masse auf zwei Schüsseln aufteilen, je nach gewünschtem Motiv im Verhältnis 1:2, 1:3 etc. Grundsätzlich braucht man immer mindestens die doppelte Menge an Masse, die um das Motiv herumkommt. Mehl mit Backpulver vermischen und im gleichen Verhältnis aufteilen. Unter die Masse, die nachher das Motiv ergeben soll, die entsprechende Menge Mehl rühren und die Kuvertüre unterziehen. Die Hälfte eines mit Backpapier ausgelegten Backblechs damit bestreichen und bei 160 °C Umluft 15 Minuten backen. Auskühlen lassen und mit dem gewünschten Ausstecher ausstechen. Die Anzahl variiert je nach Größe des Ausstechers, der Backform und der gewünschten Menge an Überraschung.

Vollendung: Den zweiten Teil der Masse fertigstellen, ein Drittel davon in die gut gefettete und bemehlte Kastenform füllen, die ausgestochenen Motive dicht an dicht in die Mitte setzen. Mit der restlichen Masse gut auffüllen. Bei filigranen Mustern kann es notwendig sein, dass man die Masse mit einem Spritzbeutel einfüllt. Bei 160 °C Umluft 35–40 Minuten fertig backen. Auskühlen lassen und nach Wunsch dekorieren.

Tipp: Wichtig ist, dass die Oberfläche des ausgestochenen Motivs sehr eben ist, damit zwischen die einzelnen Stücke keine helle Masse läuft.

Surprise Cake
»Junge oder Mädchen«

In den USA ein Hit: der »gender reveal cake«! Werdende Eltern geben beim Konditor den versiegelten Umschlag vom Arzt ab und lassen sich durch das Innere der Torte eröffnen, welches Geschlecht das Baby hat.

Zubereitung: 30 Minuten plus 30 Minuten Backzeit plus
40 Minuten zum Vollenden
Ergibt etwa 12 Stücke

Zutaten

1 Biskuitboden (siehe Seite 14), gebacken in einer
Springform mit 24 cm Ø
eventuell Zuckerthermometer
6 Eiweiß (Größe M)
270 g Zucker
500 g zimmerwarme Butter, gewürfelt

Für ein Mädchen

80 g Himbeerpüree oder rote Lebensmittelfarbe und
1 Schale Himbeeren

Für einen Jungen

60 ml Blue Curaçao oder blaue Lebensmittelfarbe und
1 Schale Blaubeeren

Das Eiweiß und den Zucker in einer Metallschüssel vermischen. Unter ständigem Rühren über einem kochenden Wasserbad auf etwa 80 °C erhitzen. Wenn man kein Thermometer hat, lässt sich das wie folgt testen: Steckt man kurz seine Fingerspitze in die Masse, »sticht« die Hitze direkt am Finger. Das Eiweiß in die Schüssel der Küchenmaschine geben und zu steifem Schnee schlagen. Vollständig auskühlen lassen. Die Butter Stück für Stück dazugeben und die Creme weiter aufschlagen. Sollte die Creme gerinnen, keine Sorge, einfach weiter schlagen. Nach kurzer Zeit wird sie wieder homogen. Falls nicht, ganz leicht erwärmen. Die Creme entweder gleich verwenden oder abgedeckt kalt stellen und vor der Verwendung wieder leicht erwärmen und nochmals aufschlagen.

Vollendung: Die Hälfte der Creme entweder mit dem Himbeerpüree oder dem Blue Curaçao beziehungsweise roter oder blauer Lebensmittelfarbe färben. Den Biskuitboden zwei- bis dreimal durchschneiden und jeden Boden mit etwas Creme bestreichen. Die Böden zusammensetzen, dabei die roten oder blauen Beeren einstreuen. Die zusammengesetzte Torte etwa 1 Stunde kalt stellen. Mit der restlichen ungefärbten Buttercreme nach Wunsch dekorieren. Natürlich kann man die restliche Buttercreme ebenfalls einfärben und die Torte farbig dekorieren.

Tipp: Solche Buttercremetorten können wunderbar mit zusätzlichem Fruchtmark, passender Tränke und ähnlichen Zusätzen aromatisiert werden.

Surprise Cake »Halloween«

Eine weitere, gute Variante des Überraschungskuchens ist es, wenn man die Mitte aushöhlt und etwas hineinfüllt, was beim Anschneiden herauskullert.

Zubereitung: 30 Minuten plus 30 Minuten Backzeit plus 50 Minuten Kühlzeit plus 30 Minuten zum Vollenden
Ergibt ½ Kuchen

Zutaten

24-cm-Springform oder Tortenring
eventuell Zuckerthermometer
Material zum Füllen
Ausstecher zum Thema passend
1 ½-faches Grundrezept Sacherbiskuit
(siehe Seite 15)
150 g Kürbispüree

Für die Zimtcreme

4 Eiweiß (Größe M)
160 g Zucker
350 g zimmerwarme Butter, gewürfelt
1–2 TL Zimtpulver

Den Sacherbiskuit nach dem Rezept zubereiten, dabei nach der Zugabe des Eigelbs das Kürbispüree unterrühren. Den Teig in der Springform 30 Minuten backen und auskühlen lassen. Den Boden so teilen, dass zwei Halbkreise entstehen und jeden Halbkreis quer halbieren. Aus zwei der vier Böden die Mitte so herausschneiden, dass jeweils ein etwa 3 cm breiter Rand stehen bleibt.

Für die Zimtcreme das Eiweiß mit dem Zucker über einem kochenden Wasserbad rühren, bis die Masse etwa 80 °C warm ist und sich der Zucker komplett aufgelöst hat. Zu steifem Schnee schlagen und vollständig auskühlen lassen. Die Butter Stück für Stück dazugeben und die Creme weiter aufschlagen. Mit dem Zimt würzen.

Vollendung: Auf einen der unausgehöhlten Böden mit der Creme die zwei ausgeschnittenen Böden am Rand aufsetzen und innen mit der Buttercreme bestreichen. 20 Minuten in den Kühlschrank geben. In die Mitte die ausgewählte Füllung geben, beispielsweise Lakritz-Weingummi-Fledermäuse. Den anderen unausgehöhlten Boden ebenfalls mit Creme bestreichen und aufsetzen. Die ganze Torte rundherum dünn mit der Creme bestreichen und 30 Minuten kalt stellen. Auf die flache Seite stellen und die ganze Torte rundherum so glatt wie möglich mit der Creme bestreichen. Für eine unheimliche Grabsteinoptik kann ein Teil braun/grün eingefärbt werden, um damit einen »Bewuchs« zu dressieren. Die zerbröselten Biskuitreste können drumherum als Erde dienen.

Naked Cake »Amalfi«

Zubereitung: 45 Minuten plus 30 Minuten Backzeit plus
12 Stunden Kühlzeit plus 15 Minuten zum Vollenden
Ergibt etwa 12 Stücke

Zutaten

1 Biskuitboden (siehe Seite 14), 24 cm Ø

Für die Zitronencreme
250 ml Zitronensaft
100 g Zucker
5 Eier (Größe M)
85 g weiße Kuvertüre, gehackt
2 Blatt Gelatine, eingeweicht
150 g Butter, gewürfelt

Für die Tränke
Zesten von 2 unbehandelten Zitronen
150 g Zucker; 30 ml Zitronensaft

Für die Zitronencreme Zitronensaft mit 50 g Zucker aufkochen. Eier mit restlichem Zucker leicht aufschlagen,
unter den kochenden Saft rühren und unter ständigem
Schlagen aufwallen lassen. Vom Herd nehmen und mit
Kuvertüre sowie abgetropfter Gelatine mischen. Kurz
ziehen lassen, dann alles gut verrühren. Butter gründlich unterarbeiten. Mindestens 4 Stunden kalt stellen.

Für die Tränke die Zitronenzesten in einen Topf geben
und mit 100 ml kochendem Wasser übergießen. Kurz
ziehen lassen und durch ein Sieb abgießen. Das auf-
gefangene Wasser mit dem Zucker aufkochen und die
Zesten hineingeben, 2 Minuten köcheln lassen. Den Zitronensaft dazugeben und abgedeckt auskühlen lassen.

Vollendung: Den Biskuit in vier gleichmäßig dicke
Böden schneiden und mit der Tränke bepinseln. Creme
glatt rühren. Dann auf alle Böden – außer dem oberen –
verteilen und bis fast zum Rand verstreichen. Die
Böden in der richtigen Reihenfolge aufeinandersetzen
und leicht aufeinanderdrücken. Die Creme darf etwas
herauslaufen. Mindestens 1 Stunde durchziehen lassen.
Einen Klecks Creme auf den Kuchen geben und darauf
die Zitronenzesten verteilen.

Naked Cake
Aprikose-Anis

Zutaten

1 Biskuitboden (siehe Seite 14), 24 cm Ø

Für die Aniscreme
360 ml Milch
80 g Zucker
20 Anissamen, zerstoßen
2 Eier
50 g Speisestärke
40 g weiße Schokolade, gehackt
400 g Sahne, steif geschlagen

Für das Aprikosenragout
300 g getrocknete Aprikosen, gewürfelt
200 ml Weißwein
50 ml Ouzo

Für die Aniscreme Milch mit 40 g Zucker und Anissamen
aufkochen und abgedeckt 10 Minuten ziehen lassen.
Eier mit restlichem Zucker und Stärke gut verrühren.
Warme Milch unterrühren und durch ein Sieb in den
Topf zurückgeben. Unter ständigem Rühren bei mittlerer Temperatur aufkochen und etwa 1 Minute kochen
lassen. In eine Schüssel zur Schokolade geben und gut
unterrühren. Mit Folie abgedeckt auf Raumtemperatur
abkühlen lassen. Sobald die Masse nicht mehr warm
ist, nochmals glatt rühren und ein Drittel der Sahne
unterrühren. Die restliche Sahne unterheben.

Für das Aprikosenragout Weißwein mit Ouzo aufkochen
und Aprikosen dazugeben. Etwa 1 Minute bei mittlerer
Temperatur köcheln, dann abgedeckt abkühlen lassen.

Vollendung: Wie »Cake Amalfi«, die Teigböden
mit dem Sud der eingelegten Aprikosen bepinseln. Das
Ragout wird jeweils auf die Creme gegeben.

Naked Cake »Beerentraum«

Vor allem im Sommer bieten sich Naked Cakes wunderbar an, denn es sind Beeren im Überfluss vorhanden.

Zubereitung: 45 Minuten plus 30 Minuten Backzeit plus 4 Stunden Kühlzeit plus 15 Minuten zum Vollenden
Ergibt etwa 12 Stücke

Zutaten

Spritzbeutel mit Lochtülle
1 Biskuitboden (siehe Seite 14), um 1 TL Zimtpulver ergänzt, vor dem Backen mit 50 g Mandelblättchen bestreut, gebacken in einer Springform mit 24 cm Ø
400 g möglichst kleine gemischte Beeren

Für die Vanillecreme
2 Eigelb
30 g Speisestärke oder Vanillepuddingpulver
60 g Zucker
450 ml Milch
½ Vanilleschote
1 Eiweiß

Für die Tränke
100 ml Rhabarbernektar
50 g Puderzucker

Außerdem
Puderzucker zum Bestauben

Für die Vanillecreme das Eigelb mit der Stärke oder dem Vanillepuddingpulver verrühren und die Hälfte des Zuckers dazugeben. Die Milch mit der ausgekratzten Vanilleschote aufkochen. Einen Teil der heißen Vanillemilch unter das Eigelb rühren, alles zurück in die Milch gießen und unter ständigem Rühren aufkochen. 2 Minuten köcheln lassen. In eine Schüssel füllen und mit Folie abgedeckt 30 Minuten abkühlen lassen. Den restlichen Zucker mit dem Eiweiß zu sehr steifem Schnee schlagen. Die Creme mit dem Handrührgerät glatt rühren und den Eischnee unterziehen.

Für die Tränke den Rhabarbernektar und den Puderzucker gründlich verrühren.

Vollendung: Den Biskuit zweimal quer durchschneiden und die drei Böden nebeneinander auf die Arbeitsfläche legen. Die zwei unteren Böden gleichmäßig mit der Tränke bepinseln. Die Vanillecreme in einen Spritzbeutel mit Lochtülle füllen und auf den getränkten Böden Streifen mit jeweils 2 cm Abstand dressieren. Die Beeren verlesen, größere Beeren halbieren oder vierteln. Die Beeren mischen und zwischen die Cremestreifen füllen. Die Böden so aufeinandersetzen, dass die Streifen des mittleren Bodens die anderen kreuzen. Den Boden mit den Mandelblättchen aufsetzen und damit die ganze Torte etwas zusammendrücken. Gut 2 Stunden durchziehen lassen und mit Puderzucker bestaubt servieren.

Naked Cake »Herbstfest«

Mal eine andere Art der Zusammenstellung, basierend auf dem französischen Kuchen »Le Paris-Brest«.

Zubereitung: 40 Minuten plus 20 Minuten Backzeit plus
1 Stunde Kühlzeit plus 15 Minuten zum Vollenden
Ergibt 1 Kuchen mit 20–22 cm Ø (etwa 12 Stücke)

Zutaten

Spritzbeutel mit Sterntülle
1 Rezept Brandmasse (siehe Seite 12/13)
50 g Mandelstifte

Für die Krokantcreme

2 Eigelb
30 g Speisestärke
80 g Zucker
300 ml Milch
¼ Vanilleschote
175 g zimmerwarme Butter
70 g weicher Nugat
30 g Krokant

Außerdem

Puderzucker zum Bestauben

Die Brandmasse zubereiten wie im Rezept beschrieben. Für die Teigböden mithilfe eines Tortenringes auf vier Backpapiere je einen Kreis von 20–22 cm Durchmesser zeichnen. Die Brandmasse zu gleichen Teilen auf die Papiere geben und so gleichmäßig wie möglich rund aufstreichen. Auf einen der Böden die Mandelstifte streuen. Bei 180 °C Umluft 20 Minuten backen.

Für die Krokantcreme zunächst eine Vanillecreme zubereiten. Dafür Eigelb und Stärke verrühren und die Hälfte des Zuckers zugeben. Den restlichen Zucker mit der Milch und der ausgekratzten Vanilleschote aufkochen. Einen Teil der heißen Milch in das Eigelb rühren, die Mischung zurück in die Milch gießen und unter ständigem Rühren aufkochen. 2 Minuten köcheln lassen. In eine Schüssel füllen und, mit Folie abgedeckt, abkühlen lassen.

Die erkaltete Vanillecreme am besten in einer Küchenmaschine glatt rühren beziehungsweise leicht aufschlagen. Nach und nach die Butter untermischen und danach den Nugat dazugeben. Luftig aufschlagen und den Krokant unterziehen. Die Masse sollte eine spritzfähige Konsistenz besitzen.

Vollendung: Die Creme in einen Spritzbeutel mit Sterntülle füllen und dekorativ auf die Böden ohne Mandelstifte dressieren, dabei sollte die Creme nicht über den Rand hinausquellen. Die drei Böden mit Creme aufeinandersetzen, den Boden mit den Mandelstiften mit Puderzucker bestauben und aufsetzen. Den Cake kurz kühlen und frisch genießen.

Minicake »Rose-Himbeer«

Zubereitung: 30 Minuten plus 15 Minuten Backzeit plus
30 Minuten zum Vollenden
Ergibt etwa 8 Stück

Zutaten

Spritzbeutel mit Stern- bzw. Rosentülle (10 mm)
runde Ausstecher (4 cm und 8 cm Ø)
1 Rezept Biskuit (siehe Seite 14)
200 g Himbeerkonfitüre
etwa 50 schöne, kleine Himbeeren

Für die Rosenbuttercreme
80 ml Milch
1 TL Rosenwasser
40 g Zucker
10 g Speisestärke
60 g zimmerwarme Butter

▌ Den Biskuit nach Rezept zubereiten und auf ein mit
Backpapier ausgelegtes Backblech aufstreichen. Bei
180 °C Umluft 15 Minuten backen. Herausholen, vom
Rand lösen und mithilfe eines zweiten Backpapiers
umdrehen. Das Papier abziehen. 10 Minuten auskühlen
lassen und mit der Himbeerkonfitüre bestreichen. Mit
den Ausstechern etwa 16 Kreise mit 8 cm Durchmesser und 8 mit 4 cm Durchmesser ausstechen.

▌ Für die Rosenbuttercreme Milch, Rosenwasser, Zucker
und Stärke in einem kleinen Topf vermischen. Unter
ständigem Rühren bei mittlerer Temperatur aufkochen
und 1 Minute weiter erhitzen. In eine Schüssel geben und
mit Folie bedeckt abkühlen lassen.

Vollendung: Immer zwei große Böden und einen
kleinen Boden aufeinandersetzen. Die Himbeeren um
den oberen Boden verteilen. Die Creme aufschlagen,
nach und nach die Butter dazugeben. 3–4 Minuten
aufschlagen und in einen Spritzbeutel mit Tülle geben.
Auf jedes Törtchen eine Rose dressieren. Mit den
übrigen Himbeeren dekorieren.

Minicake Schwarzwälder Art

Zutaten

Spritzbeutel mit Stern- bzw. Rosentülle (10 mm)
runde Ausstecher (4 cm und 8 cm Ø)
1 Rezept Biskuit (siehe Seite 14)
200 g Sauerkirschkonfitüre

Für die Schokocreme
100 g Butter
100 g dunkle Kuvertüre (70%), geschmolzen,
etwa 30 °C
10 ml Kirschwasser

Für die Tränke
50 ml Kirschsaft
30 g Zucker
30 ml Kirschwasser

▌ Den Biskuit nach Rezept zubereiten und wie beim
Minicake »Rose-Himbeer« (siehe oben) backen.

▌ Für die Schokocreme die Butter schaumig schlagen
und die Kuvertüre nach und nach dazugeben. Mit dem
Kirschwasser abschmecken.

▌ Für die Tränke den Kirschsaft mit Zucker aufkochen.
Vom Herd nehmen und das Kirschwasser zugeben.

Vollendung: Wie beim Mini-Cake »Rose-Himbeer«
(siehe oben), allerdings sollte der Biskuit erst getränkt
und dann mit Konfitüre bestrichen werden.

Minicake »Sacher Exotic«

Keine Lust auf Törtchen oder Torte? Dann darf es heute mal ein Minicake sein.

Zubereitung: 25 Minuten plus 15 Minuten Backzeit plus
1 Stunde Ruhezeit plus 30 Minuten zum Vollenden
Ergibt etwa 10 Stück

Zutaten

10 Dessertringe (etwa 6 cm Ø)
1 Rezept Sacherbiskuit (siehe Seite 15),
in den Ringen gebacken

Für das Ananasragout

90 g Zucker
300 g Ananas, gewürfelt
40 ml brauner Rum
150 ml Passionsfruchtsaft oder -mark
75 g Gelierzucker 2:1

Für die Schokoladenglasur

135 g Kuvertüre (70 %)
20 ml Milch
125 g Sahne
10 g Honig

Für die Tränke

100 ml Ananassaft
20 g Puderzucker

Für das Ananasragout den Zucker in einem Topf schmelzen und bräunen, bis er leicht schäumt. Die Ananaswürfel sofort dazugeben und durchschwenken. Den Rum ebenfalls hinzufügen und alles bei mittlerer Temperatur köcheln lassen, bis die Flüssigkeit nahezu vollständig verdampft ist. Die Ananaswürfel sollten von einer leichten Sirupschicht überzogen sein. Den Passionsfruchtsaft oder das -mark mit dem Gelierzucker nach der Gelierzuckeranleitung kochen und noch heiß mit den Ananaswürfeln mischen.

Für die Schokoladenglasur die Kuvertüre fein hacken. Milch, Sahne und Honig in einen kleinen Topf geben und aufkochen. Von der Herdplatte nehmen und die Kuvertüre dazugeben. 2 Minuten stehen lassen und dann zu einer homogenen Masse verrühren.

Vollendung: Für die Tränke Ananassaft und Puderzucker gut verrühren. Die gebackenen Biskuits dritteln und mit der Tränke leicht bepinseln. Mit dem Ananasragout füllen. In den Ringen zusammensetzen, gut andrücken und 1 Stunde ruhen lassen. Mit der Glasur bestreichen und ungekühlt servieren.

Push-Up-Cake Erdbeer-Vanille

Zubereitung: 20 Minuten plus 20 Minuten Backzeit plus
15 Minuten zum Vollenden
Ergibt etwa 10 Stück

Zutaten

10 Push-Up-Cake-Formen; Spritzbeutel
1 Rezept Biskuit (Seite 14), doppelte Menge Mandeln
500 g Erdbeeren; 1 EL Erdbeerkonfitüre

Für die Vanillecreme
125 ml Milch
30 g Zucker
Mark von ¼ Vanilleschote
1 Eigelb
10 g Speisestärke
125 g Sahne, steif geschlagen

Den Biskuit nach Rezept herstellen und auf ein mit
Backpapier ausgelegtes Backblech streichen. Bei
180 °C 12–15 Minuten backen und auskühlen lassen.

Für die Vanillecreme alle Zutaten, außer der Sahne, in
einen Topf geben und bei mittlerer Temperatur unter
ständigem Rühren aufkochen. Sobald die Masse Blasen wirft, weitere 2 Minuten unter Rühren erhitzen. In
einer Schüssel abgedeckt auf Raumtemperatur abkühlen lassen. Die Masse erneut glatt rühren, ein Drittel der
Sahne unterrühren und den Rest unterheben. Die
Creme in einem Spritzbeutel kalt stellen.

Vollendung: Von dem Biskuit 30 Kreise in passender Größe für die Push-Up-Cake-Formen ausstechen.
10 Erdbeeren zur Dekoration beiseitelegen. Die restlichen
Erdbeeren würfeln und mit der Konfitüre vermischen.
Abwechselnd mit den Teigkreisen in die Formen schichten, dabei jeweils mittig auf den Biskuit etwas Creme
dressieren. Die oberste Schicht ist Vanillecreme und wird
mit einer halben oder einer ganzen Erdbeere dekoriert.

Push-Up-Cake Mango-Whisky

Zutaten

10 Push-Up-Cake-Formen; Spritzbeutel
1 Rezept Biskuit (Seite 14), doppelte Menge Mandeln
2 Mangos, geschält, gewürfelt

Für die Tränke
50 g Zucker; 30 ml Whisky

Für die Koriandercreme
125 ml Milch
30 g Zucker
1 Eigelb
10 g Speisestärke
125 g Sahne, steif geschlagen
10 Korianderblätter, fein gehackt

Den Biskuit nach Rezept herstellen und wie oben
beschrieben backen.

Für die Tränke 50 ml Wasser und Zucker aufkochen,
den Whisky untermischen. Den Biskuit damit bestreichen.

Für die Koriandercreme Milch, Zucker, Eigelb und
Stärke in einen Topf geben und bei mittlerer Temperatur
unter ständigem Rühren aufkochen. Sobald die Masse
Blasen wirft, weitere 2 Minuten erhitzen, dabei weiter-
rühren. In einer Schüssel abgedeckt auf Raumtempera-
tur abkühlen lassen. Die Masse erneut glatt rühren, ein
Drittel der Sahne unterrühren und den Rest mit dem
Koriander unterheben, in einem Spritzbeutel kalt stellen.

Für das Mangoragout mögliche Reste von der Mango
pürieren und mit den Fruchtwürfeln mischen.

Vollendung: Wie bei den Push-Up-Cakes Erdbeer-
Vanille (siehe links).

Push-Up-Cake Frankfurter Kranz

Die Push-Up-Cake-Formen sind auf jeden Fall ein Gag, der auch bei Erwachsenen ankommt. Gut gereinigt lassen sich die Formen auch mehrmals verwenden.

Zubereitung: 30 Minuten plus 15 Minuten Backzeit plus
40 Minuten zum Vollenden
Ergibt etwa 10 Stück

Zutaten

10 Push-Up-Cake-Formen
Spritzbeutel mit Sterntülle
½ Rezept Biskuit (siehe Seite 14) mit gemahlenen
Haselnüssen anstelle der Mandeln
300 g Preiselbeergelee
2 EL Krokant

Für die Buttercreme

150 ml Milch
½ Vanilleschote
50 g Zucker
1 Eigelb
15 g Speisestärke
100 g zimmerwarme Butter

Den Biskuit nach Rezept zubereiten und die Hälfte eines mit Backpapier ausgelegten Backbleches damit bestreichen. Bei 180 °C Umluft 15 Minuten backen. Aus dem Ofen holen, vom Rand lösen und mithilfe eines zweiten Backpapiers umdrehen. Das Papier ablösen. Den Biskuit 10 Minuten auskühlen lassen und mit dem Preiselbeergelee bestreichen. In vier Stücke von gleicher Breite schneiden und diese aufeinanderlegen. Ein flaches Brettchen oder Ähnliches auflegen und gut zusammendrücken.

Für die Buttercreme Milch, Vanilleschote und Zucker in einem Topf aufkochen und 10 Minuten ziehen lassen. Eigelb und Stärke verrühren und die heiße Milch dazugeben. Zurück in den Topf gießen und unter ständigem Rühren bei mittlerer Temperatur aufkochen. 1 Minute weiter erhitzen. In eine Schüssel füllen und mit Folie bedeckt abkühlen lassen. Die Vanilleschote entfernen und die Creme mit dem Handrührgerät aufschlagen. Die Butter nach und nach dazugeben und untermischen. Die Creme in einen Spritzbeutel mit Sterntülle füllen.

Vollendung: Von dem Biskuit Stücke abschneiden, deren Länge der Höhe der Push-Up-Formen entspricht. Von den Stücken dann etwa 5 mm dicke Scheiben abschneiden. Jetzt wird es etwas fummelig, denn das Ziel ist, die komplette Form am Rand mit den Teigscheiben auszukleiden. In die Mitte die Buttercreme dressieren und oben dekorativ vollenden. Mit Krokant bestreuen und, falls vorhanden, mit einer Preiselbeere garniert servieren.

Lazy Sunday

Selbst backen und dennoch faul sein? Streng genommen schließt sich das gegenseitig aus. Aber hier finden Sie doch ein paar feine Dinge, die fast »nebenbei« zu machen sind. Also heißt es: backen, sich zurücklehnen und genießen!

Minigugelhupf Lavendel-Blaubeer

Zubereitung: 15 Minuten plus 15 Minuten Backzeit plus
15 Minuten zum Vollenden
Ergibt etwa 18 Stück

Zutaten

18 Minigugelhupf-Formen

Für die Gugelhupfe
60 g Butter
30 g Speisestärke
Msp. Backpulver
Lavendelblüten, gemahlen
2 Eigelb
20 g gemahlene Mandeln
20 g Puderzucker
1 Eiweiß
30 g Zucker
40 g Mehl
20 g Blaubeeren (TK)

Für das Topping
120 g Frischkäse
40 g Puderzucker
Lavendelblüten, gemahlen
18 Blaubeeren

Für die Gugelhupfe die Butter mit Stärke, Backpulver und Lavendel schaumig rühren. Nacheinander Eigelb, gemahlene Mandeln und Puderzucker zugeben. Das Eiweiß mit dem Zucker zu steifem Schnee schlagen und unterheben. Das Mehl und die Blaubeeren vermischen, unterheben und den Teig in die Formen füllen. Bei 170 °C 10–15 Minuten backen. Für das Topping den Frischkäse mit dem Puderzucker glatt rühren und mit Lavendel abschmecken.

Vollendung: Das Topping in und auf die ausgekühlten Gugelhupfe dressieren und jeden Gugelhupf mit einer Blaubeere dekorieren.

Minigugelhupf mit Mohn

Zubereitung: 15 Minuten plus 15 Minuten Backzeit plus
10 Minuten zum Vollenden
Ergibt etwa 20 Stück

Zutaten

20 Minigugelhupf-Formen

Für die Gugelhupfe
100 g Butter
60 g Zucker
1 Ei (Größe M)
130 g Mehl
1 TL Backpulver
30 g Rosinen, gehackt
10 g gehackte Mandeln
20 g gemahlener Mohn
50 ml Milch

Für die Glasur
50 g Puderzucker
10 ml Kirschwasser
1 TL ungemahlener Mohn zum Bestreuen

Für die Gugelhupfe die Butter mit dem Zucker schaumig rühren und das Ei zugeben. Mehl mit Backpulver, Rosinen, Mandeln sowie Mohn vermischen und die Hälfte unter die Buttermasse geben. Die Milch unterrühren und die restliche Mehlmischung zügig unterarbeiten. Den Teig in die Förmchen füllen und bei 180 °C Umluft 10–15 Minuten backen.

Für die Glasur den Puderzucker mit dem Kirschwasser verrühren.

Vollendung: Die Gugelhupfe nach dem Backen aus der Form stürzen und noch warm mit der Glasur überziehen. Mit dem Mohn bestreuen.

Cake-Pops

Zubereitung: 20 Minuten plus 4 Stunden Kühlzeit plus
30 Minuten zum Vollenden
Ergibt etwa 20 Stück

Zutaten

20 Lolliestiele
etwa 400 g Kuchenreste

Für die Creme

50 g weiche Butter
40 g Puderzucker
100 g Schmand
½ TL Abrieb von 1 unbehandelten Zitrone

Außerdem

300 g weiße Kuvertüre, vorkristallisiert
1 EL Kürbiskerne
1 TL Kürbiskernöl

Für die Creme Butter und Puderzucker schaumig schlagen, Schmand sowie Zitronenabrieb untermischen.

Für die Cakes die Kuchenreste zerbröseln und die Hälfte der Creme zugeben. Mit den Händen zu einer formbaren, nicht zu klebrigen und nicht zu feuchten Masse verkneten. So viel Creme zugeben, bis die Konsistenz stimmt. Die Masse mit einem Eisportionier portionieren und zu Kugeln formen. Die Stiele in die weiße Kuvertüre tauchen, in die Kugeln stecken und diese mindestens 2 Stunden kalt stellen.

Vollendung: Die geschmolzene weiße Kuvertüre in einen hohen Rührbecher geben, die Cake-Pops nacheinander eintauchen und mit der Kuvertüre überziehen. Bevor die Kuvertüre fest wird, die Cake-Pops mit den Kürbiskernen dekorieren. 3 EL Kuvertüre mit dem Kürbiskernöl vermischen, in eine kleine Spritztüte füllen und die Cake-Pops mit feinen Kuvertürefäden dekorieren.

Cake-Pops mit Kaffee

Zubereitung: 20 Minuten plus 2 Stunden Kühlzeit plus
30 Minuten zum Vollenden
Ergibt etwa 20 Stück

Zutaten

20 Lolliestiele
etwa 400 g Kuchenreste

Für die Creme

50 g weiche Butter
40 g Puderzucker
80 g Schmand
20 ml kalter Espresso

Außerdem

300 g weiße Kuvertüre, vorkristallisiert
50 g Cashewkerne, geröstet und gehackt
1 TL Instantkaffeepulver oder -granulat

Die Zubereitung geht genauso wie bei den Frühlings-Cake-Pops (siehe oben). Bevor die Kuvertüre fest wird, die Cake-Pops mit den gehackten Cashewkernen (anstelle der Kürbiskerne) dekorieren. 3 EL Kuvertüre mit dem Instantkaffee (anstelle des Kürbiskernöls) vermischen, in eine kleine Spritztüte füllen und die Cake-Pops ebenfalls mit ganz feinen Kuvertürefäden dekorieren.

Tipp: Für beschwipste Cake-Pops die Kuchenreste vor dem Verkneten mit Likör leicht tränken.

Mandel-Minz-Cake-Pops

Neben den Varianten der mit den Händen geformten Cake-Pops und dem »Cake-Pop-Maker«, kann man auch Halbkugeln backen und zusammensetzen.

Zubereitung: 45 Minuten plus 20 Minuten Backzeit plus
1 Stunde Ruhezeit plus 30 Minuten zum Vollenden
Ergibt etwa 15 Stück

Zutaten

2 Silikonformen »Halbkugel« mit je 4 cm Ø
15 Lolliestiele
300 g weiße Kuvertüre, vorkristallisiert
Dekor aus dunkler Kuvertüre oder Marzipan,
z. B. kleine Sterne

Für den Teig
100 g sehr weiche Butter
100 g Zucker
125 g gemahlene Mandeln (mit oder ohne Schale)
2 Eier

Für den Guss
Saft von ½ Zitrone
15 g Puderzucker
1 EL Minze, sehr fein gehackt

Für den Teig die Butter mit dem Zucker verrühren, aber nicht schaumig schlagen. Die Mandeln und die Eier zugeben und alles gut vermischen. Den Teig bis knapp unter den Rand in die Formen füllen und bei 170 °C Umluft etwa 20 Minuten backen. Am besten direkt nach dem Backen stürzen, je nach Form fallen die Küchlein direkt raus. Rausgefallene Küchlein mit einer Palette umdrehen. Sollten sie nicht von allein herausfallen, am besten komplett abkühlen lassen und dann stürzen. Wenn es immer noch nicht geht, in der Form etwa 1 Stunde einfrieren und dann herausdrücken.

Vollendung: Den Zitronensaft mit dem Puderzucker und der gehackten Minze gut verrühren. Die Halbkugeln mit einem Klecks Kuvertüre zusammenkleben. Die Stiele etwa 1 cm tief in die Kuvertüre tauchen und in die Kuchenkugeln stecken. Den Zitronen-Minz-Guss über die Kugeln träufeln. Etwa 1 Stunde stehen lassen. Die Cake-Pops in die weiße Kuvertüre tauchen, etwas ablaufen lassen und in ein Glas mit Zucker oder Ähnlichem stellen, sodass sie nicht umfallen. Sobald die Kuvertüre etwas angezogen hat, die Cake-Pops mit dem Kuvertüre- oder Marzipandekor bestreuen. Dann die Kuvertüre fest werden lassen.

Tipp: Für Cake-Pops muss man nicht extra einen Teig backen, sondern kann sehr gut die Reste eines Rührkuchens nehmen, der nicht vollständig aus der Form wollte.

Rhabarberblondies mit Basilikummousse

Obst geht immer, in Kombination mit Kräutern wird es raffiniert und dann noch gebacken – einfach großartig.

Zubereitung: 15 Minuten plus 20 Minuten Backzeit plus mind. 4 Stunden Kühlzeit
Ergibt 1 Backblech (etwa 30 × 38 cm) oder einen Back-rahmen/quadratische Form von 25 × 25 cm, je nach gewünschter Dicke

Zutaten

1 Rezept für Blondies (siehe Seite 72/73) ohne Maca-damianüsse
1 Stange Rhabarber (etwa 150 g)

Für die Basilikummousse

200 g Joghurt
40 g Zucker
3 ½ Blatt Gelatine, eingeweicht
9 g Basilikumblätter
250 g Sahne, cremig geschlagen

Für die Blondies den Teig nach Rezept zubereiten. Den Rhabarber waschen, schälen und in 5 mm dünne Scheiben schneiden. Diese anstelle der Macadamia-nüsse auf den Teig streuen.

Für die Basilikummousse ein Drittel des Joghurts mit dem Zucker erwärmen und die ausgedrückte Gelatine darin auflösen. Den restlichen Joghurt mit dem Basilikum vermischen und mit dem Stabmixer so fein wie möglich mixen. Mit dem warmen Joghurt vermischen und die Sahne unterheben. In ein flaches, mit Folie ausgelegtes, rechteckiges Gefäß geben. Die Mousse sollte dabei etwa 2,5 cm hoch eingefüllt sein. Im Kühlschrank mindestens 4 Stunden, besser über Nacht, fest werden lassen.

Vollendung: Die ausgekühlten Blondies in Recht-ecke oder Quadrate schneiden. Die Basilikummousse in die gleiche Form, aber etwas kleiner schneiden. Aus der Form nehmen und die Blondies damit belegen. Mit ein paar Basilikumblättern dekorieren und servieren.

Himbeercupcakes mit zweifarbigem Topping

Die Himbeeren können wunderbar durch andere Beeren oder Früchte ausgetauscht werden. Probieren Sie es aus!

Zubereitung: 15 Minuten plus 20 Minuten Backzeit plus
15 Minuten zum Vollenden
Ergibt etwa 10 Stück

Zutaten

10 Muffinförmchen
10 Himbeeren
3 Spritzbeutel und 1 Tülle nach Wahl

Für die Cupcakes

100 g Zucker
80 g weiche Butter
50 g Mandelmus
1 TL Abrieb von 1 unbehandelten Zitrone
2 Eier
135 g Mehl
1 TL Backpulver
70 g Himbeerpüree
80 g weiße Kuvertüre, geschmolzen

Für die Buttercreme

2 Eiweiß (Größe M)
85 g Zucker
160 g zimmerwarme Butter
1 EL Zitronensaft
30 g Himbeerpüree

Für die Cupcakes Zucker, Butter, Mandelmus und Zitronenabrieb schaumig schlagen. Die Eier nacheinander unterrühren. Das Mehl mit dem Backpulver vermischen und eine Hälfte unter die Buttermasse ziehen. Das Himbeerpüree unterrühren, das restliche Mehl zugeben und kurz untermischen. Die geschmolzene Kuvertüre zugeben. Den Teig in die Förmchen füllen und bei 170 °C Umluft etwa 20 Minuten backen. Komplett auskühlen lassen.

Die Buttercreme aus Eiweiß, Zucker und Butter nach dem Rezept auf Seite 88/89 (»Surprise Cake Junge/Mädchen«) zubereiten. Die fertige Creme auf zwei Schüsseln verteilen. Die eine Portion mit dem Zitronensaft verrühren und die andere mit dem Himbeerpüree.

Vollendung: Die Cremes in jeweils einen Spritzbeutel ohne Tülle füllen und eine etwa 1 cm große Öffnung in die Spitze schneiden. Die beiden Spritzbeutel nebeneinander in den dritten Spritzbeutel mit der Tülle stecken. Wenn man alles richtig gemacht hat, sollte beim Dressieren mit diesem Beutel das Topping gestreift in zwei Farben herauskommen. Auf die Cupcakes dressieren und mit jeweils einer Himbeere dekorieren.

Chilicupcakes mit Mangorose

Eine immer wieder gern gewählte Kombination: süß-fruchtige Mango mit scharfer Chilischote.

Zubereitung: 15 Minuten plus 20 Minuten Backzeit plus
15 Minuten zum Vollenden
Ergibt etwa 10 Stück

Zutaten

10 Muffinförmchen

Für die Cupcakes

125 g Zucker

80 g weiche Butter

45 ml mildes Olivenöl

1 getrocknete Chilischote, zerbröselt (siehe Tipps)

2 Eier

125 g Mehl

10 g Kakaopulver

5 g Backpulver

70 g Mangopüree* oder -saft

100 g Kuvertüre (60–70 %), geschmolzen

Außerdem

1–2 reife Mangos

Für die Cupcakes Zucker, Butter, Olivenöl und Chili schaumig schlagen. Die Eier nacheinander unterrühren. Das Mehl mit Kakao und Backpulver vermischen und eine Hälfte unter die Buttermasse ziehen. Mangopüree oder -saft unterrühren, das restliche Mehl zugeben und kurz untermischen. Die geschmolzene Kuvertüre unterrühren. Den Teig in die Förmchen füllen und bei 170 °C Umluft etwa 20 Minuten backen. Komplett auskühlen lassen.

Die Mango schälen und das Fruchtfleisch so vom Kern schneiden, dass zwei große Hälften entstehen. Die Hälften in ganz dünne Scheiben schneiden, dabei so arbeiten, dass die Scheiben nicht komplett durch-geschnitten sind, sondern aneinander haften bleiben. Einen Stapel zusammenhängende Scheiben nehmen und etwas auseinanderschieben. Wenn alles geklappt hat, kann man diese nun zu einer Rose »aufrollen«. Übriges Fruchtfleisch zu Püree* mixen.

Vollendung: Das restliche Püree auf die Cupcakes verteilen und die Mangorosen daraufsetzen. Die Cupcakes am besten frisch genießen.

Tipps: Chilischoten sind wegen der unterschiedlichen Schärfegrade schwer zu dosieren. Am einfachsten lässt sich Chilischärfe in Form von Tabasco oder Cayennepfeffer beziehungsweise Chilipulver dosieren. Wie immer gilt: Weniger ist mehr. Also besser sich langsam an die gewünschte Schärfe herantasten als Cupcakes zu servieren, an denen man sich den Mund »verbrennt«.

Möchte man die Cupcakes vorbereiten, können die Kuchen auch schon am Vortag gebacken werden. Die Mangorose sollte besser frisch gemacht werden. Notfalls kann sie auch mit etwas dünnflüssigem, gekochtem Tortenguss konserviert werden.

Mohncupcakes mit Sahnereis

Mohn geht eigentlich immer, zusammen mit Milchreis noch etwas besser.

Zubereitung: 15 Minuten plus 1 Stunde Koch-/Backzeit
plus 15 Minuten zum Vollenden
Ergibt etwa 10 Stück

Zutaten

10 Muffinförmchen

Für die Cupcakes

4 Eier
70 g flüssige Butter
80 g Zucker
80 g gemahlener Mohn
40 g gemahlene Mandeln
20 g Mehl

Für den Sahnereis

250 ml Milch
60 g Milchreis
Salz
1 Blatt Gelatine, eingeweicht
160 g Sahne
40 g Zucker

Außerdem

Preiselbeergelee zum Dekorieren

Für die Cupcakes die Eier trennen. Das Eigelb schaumig schlagen, die flüssige Butter zugeben und weiter aufschlagen. Das Eiweiß mit dem Zucker zu festem, aber noch leicht cremigem Schnee schlagen. Mohn, Mandeln und Mehl vermischen und unter die Eigelbmasse ziehen. Den Eischnee unterheben und den Teig in die Formen füllen. Bei 170 °C etwa 20 Minuten backen.

Für den Sahnereis die Milch mit dem Reis und einer Prise Salz aufkochen. Den Reis bei niedriger Temperatur gar ziehen lassen. Die Gelatine abtropfen lassen, dazugeben und darin auflösen. Auf Raumtemperatur abkühlen lassen. Die Sahne mit dem Zucker steif schlagen, mit einem Drittel des gegarten Reises etwas cremig rühren, dann den restlichen Reis unterziehen.

Vollendung: Den Sahnereis dekorativ auf den Cupcakes verteilen und mit etwas Preiselbeergelee dekorieren.

Tipp: Anstelle des Preiselbeergelees können auch sehr gut eingekochte Cranberrys verwendet werden. Sie bringen noch eine interessante, etwas herbere Note mit.

Rote-Bete-Cupcakes mit Ingwercreme

Cupcakes müssen nicht immer mit Früchten zubereitet werden, süßliche Gemüse-sorten wie Rote Bete eignen sich auch hervorragend.

Zubereitung: 15 Minuten plus 20 Minuten Backzeit plus
15 Minuten zum Vollenden
Ergibt etwa 10 Stück

Zutaten

10 Muffinförmchen

Für die Cupcakes
100 g frische Rote Bete
120 g geröstete Haselnusskerne
30 g Mehl
1 Msp. Backpulver
2 Eier
85 g Zucker

Für die Ingwercreme
2 Eigelb
40 g Zucker
150 g Butter
10 ml Rote-Bete-Saft
1 TL Ingwer, frisch gerieben

Für die Cupcakes die Rote Bete schälen und fein reiben. Mit Nüssen, Mehl und Backpulver vermischen. Die Eier trennen. Das Eigelb mit der Hälfte des Zuckers dick-cremig aufschlagen. Das Eiweiß mit dem restlichen Zucker steif schlagen. Den Eigelbschaum mit den trockenen Zutaten vermischen und den Eischnee unterheben. Den Teig in die Formen füllen und bei 170 °C Umluft 20–25 Minuten backen. Abkühlen lassen.

Für die Ingwercreme Eigelb und Zucker über einem heißen Wasserbad unter Rühren erhitzen. Dann vom Wasserbad nehmen und dick-schaumig aufschlagen. Die Butter ebenfalls aufschlagen und die Eischaummasse nach und nach unterschlagen. Mit dem Rote-Bete-Saft einfärben und mit dem Ingwer abschmecken.

Vollendung: Die ausgekühlten Cupcakes mit der Ingwercreme dekorieren.

Tipp: Als Dekoration eignen sich außerdem frittierte Ingwerstifte. Dafür sehr dünne Scheiben von der Ingwerknolle abschneiden und diese wiederum in Stifte schneiden. Etwas Mehl darüberstauben und in heißem Fett goldgelb frittieren.

Doughnuts

Zubereitung: 10 Minuten plus 90 Minuten Ruhezeit plus
20 Minuten Backzeit
Ergibt etwa 20 Stück

Zutaten

runde Ausstecher (3 cm und 8 cm Ø)
Fritteuse oder Bräter
430 g Mehl
130 ml kalte Milch
35 g Hefe
1 Ei (Größe M)
2 Eigelb
55 g Butter
55 g Zucker
5 g Salz
1 kg hoch erhitzbares neutrales Pflanzenöl oder
Frittierfett

Alle Zutaten in eine Schüssel geben und intensiv zu
einem glatten Teig verkneten. Zu einer Kugel formen
und abgedeckt bei Raumtemperatur 30 Minuten gehen
lassen. Nochmals gut durchkneten und das Gehen und
Kneten noch zweimal wiederholen.

Den Teig etwa 1,5 cm dick ausrollen und mit den großen
Ausstechern so viele Kreise wie möglich ausstechen.
Mit den kleinen Ausstechern jeweils ein Loch in die großen Kreise stechen. Den übrigen Teig zusammenkneten, ausrollen und weitere Doughnuts ausstechen.
Doughnuts auf ein leicht gefettetes Backpapier legen
und mit einem Küchentuch bedeckt 30 weitere Minuten gehen lassen. Das Fett auf etwa 170°C erhitzen.
Die Doughnuts portionsweise hineingeben. 1 Minute
frittieren, wenden und die andere Seite 1 Minute frittieren. Den Vorgang wiederholen, sodass jede Seite zweimal 1 Minute frittiert wird. Die Doughnuts mit einem
Schaumlöffel herausheben und auf einem Rost abtropfen und abkühlen lassen.

Winter-Doughnuts

Zubereitung: 10 Minuten plus 90 Minuten Ruhezeit plus
20 Minuten Backzeit plus 15 Minuten zum Vollenden
Ergibt etwa 10 Stück

Zutaten

10 fertige Doughnuts (Rezept siehe oben)

Für die Apfelfüllung
3 säuerliche Äpfel, beispielsweise Braeburn
100 g Zucker
1 kleiner Zweig Rosmarin

Für die Zimt-Calvados-Glasur
100 g Puderzucker
20 ml Calvados
½ TL Zimtpulver

Für die Apfelfüllung die Äpfel schälen, entkernen und in
grobe Spalten schneiden. Den Zucker in einem kleinen
ofenfesten Topf dunkel karamellisieren, von der Herdplatte nehmen und die Äpfel dazugeben. 2 Minuten ziehen lassen, verrühren. Den Rosmarin dazugeben und
Topfdeckel auflegen. Die Äpfel im Ofen bei 160 °C Umluft
30–45 Minuten sehr weich garen. Abkühlen lassen,
den Rosmarin entfernen und die Äpfel pürieren.

Für die Glasur alle Zutaten gut verrühren und direkt
verwenden.

Vollendung: Die Doughnuts quer halbieren, mit dem
Bratapfelpüree füllen und wieder zusammensetzen. Die
Glasur mithilfe eines Löffels über die Doughnuts geben.

Bananen-Whoopies mit Erdbeeren

Einfach eine super Kombination, die eigentlich jedem schmeckt!

Zubereitung: 20 Minuten plus 15 Minuten Backzeit plus
20 Minuten zum Vollenden
Ergibt 8–10 Stück

Zutaten

Spritzbeutel

Für die Whoopies
100 g Butter
100 g Puderzucker
1 Ei (Größe M)
200 g Mehl
1 geh. TL Backpulver
140 g Bananenmus (siehe Tipp)
20 g dunkle Schokolade, fein gehackt

Für die Füllung
100 g Magerquark
30 g Puderzucker
50 g Bananenmus
20–30 Erdbeeren

Für die Whoopies Butter und Puderzucker cremig schlagen. Das Ei zugeben und noch etwas weiter schlagen. Mehl und Backpulver vermischen, die Hälfte davon unter die Buttermasse rühren. Dann das Bananenmus unterrühren. Das restliche Mehl mit der Schokolade zugeben und zügig untermischen. Mit einem Spritzbeutel 16–20 Whoopies mit 4–5 cm Durchmesser auf ein mit Backpapier ausgelegtes Backblech dressieren. Bei 160 °C Umluft etwa 15 Minuten backen.

Für die Füllung Quark, Puderzucker und Bananenmus gut verrühren. Die Erdbeeren je nach Größe halbieren oder vierteln.

Vollendung: Die Hälfte der Whoopies mit den Erdbeerhälften oder -vierteln kranzförmig belegen, die Spitzen der Erdbeeren sollen nach innen zeigen. In der Mitte die Quarkfüllung verteilen und jeweils ein Whoopie darauflegen.

Tipp: Für Bananenmus 1–2 reife Bananen schälen, grob zerkleinern und dann mit dem Stabmixer fein pürieren. Eventuell noch durch ein Sieb streichen.

Zimt-Whoopies mit Quittenkompott

Das Tolle an Whoopies ist, dass sie eigentlich immer funktionieren und man direkt ein Erfolgserlebnis hat.

Zubereitung: 20 Minuten plus 15 Minuten Backzeit plus
20 Minuten zum Vollenden
Ergibt 8–10 Stück

Zutaten

Spritzbeutel

Für die Whoopies
100 g Butter
100 g Puderzucker
1 Ei (Größe M)
200 g Mehl
1 geh. TL Backpulver
½ TL Zimtpulver
50 g Joghurt
60 ml Milch
50 g Apfelmus

Für die Füllung
60 g Gelierzucker
40 ml Wasser
200 g Quittenfruchtfleisch, grob geschnitten

Für die Glasur
25 g Sahne
50 g weiße Kuvertüre, gehackt

Für die Whoopies Butter und Puderzucker cremig schlagen. Das Ei zugeben und noch etwas weiterschlagen. Mehl mit Backpulver und Zimt vermischen, die Hälfte unter die Buttermasse rühren. Dann den Joghurt, die Milch sowie das Apfelmus unterrühren. Das restliche Mehl zugeben und alle Zutaten zügig vermischen. Mit einem Spritzbeutel 16–20 Whoopies mit 4–5 cm Durchmesser auf ein mit Backpapier ausgelegtes Backblech dressieren. Bei 160 °C Umluft etwa 15 Minuten backen.

Für die Füllung den Gelierzucker mit dem Wasser aufkochen. Die Quitten zugeben, nochmals aufkochen und abgedeckt bei niedriger Temperatur 45–60 Minuten köcheln lassen. Die Quitten sollten einen schönen roten Farbton annehmen. Wenn die Quitten weich sind, mit einem Kartoffelstampfer oder Ähnlichem grob zerdrücken und auskühlen lassen.

Für die Glasur die Sahne aufkochen, die Kuvertüre dazugeben und unter Rühren in der Sahne schmelzen.

Vollendung: Die Whoopies mit dem Quittenkompott füllen und zusammensetzen. Mit der Glasur bestreichen.

Tipp: Wenn man die gefüllten Whoopies einen halben Tag stehen lässt, schmecken sie noch besser, da sie dann etwas durchgezogen sind.

Paranuss-Whoopies mit Avocadocreme

Gleich zwei eher ungewöhnliche Zutaten für süßes Gebäck. Trauen Sie sich, die Aromen verbinden sich hier auf spannende Weise.

Zubereitung: 15 Minuten plus 15 Minuten Backzeit plus
20 Minuten zum Vollenden
Ergibt etwa 10 Stück

Zutaten

Spritzbeutel mit Lochtülle (10 mm)

Für die Whoopies

2 Eier
4 Eigelb
150 g Puderzucker
80 g gemahlene Paranüsse
70 g Sahne
140 g Mehl
60 g flüssige Butter

Für die Avocadocreme

2 reife Avocados (etwa 200 g)
20 g Puderzucker
10 ml Zitronensaft
100 g weiße Kuvertüre, geschmolzen

Für die Whoopies Eier, Eigelb, Puderzucker, Nüsse und Sahne glatt rühren. Das Mehl unterrühren und die flüssige Butter zugeben. Den Teig in den Spritzbeutel füllen und Kreise mit etwa 7 cm Durchmesser auf ein mit Backpapier ausgelegtes Backblech dressieren. Bei 160 °C Umluft 15–20 Minuten backen. Auf einem Kuchengitter auskühlen lassen.

Für die Avocadocreme die Avocados vom Kern und aus der Schale lösen. Das Fruchtfleisch mit dem Stabmixer fein pürieren und dabei den Puderzucker und den Zitronensaft zugeben. Die Creme mit dem Handrührgerät aufschlagen und nach und nach die Kuvertüre zugeben.

Vollendung: Eine Hälfte der ausgekühlten Whoopies umdrehen, die Creme darauf dressieren und jeweils ein Whoopie ohne Creme daraufsetzen.

Tipp: Für weitere Geschmacksnuancen können unter die Avocadocreme auch wunderbar Ananas-, Bananen- und/oder Mangowürfelchen gemischt werden.

Zitronen-Whoopies mit Ziegenfrischkäse

Wichtig ist bei diesem Rezept die Verwendung von Ziegenfrischkäse, da er sich sehr harmonisch in den Geschmack einfügt und überhaupt nicht dominant ist.

Zubereitung: 15 Minuten plus 15 Minuten Backzeit plus 20 Minuten zum Vollenden

Ergibt etwa 8 Stück

Zutaten

Spritzbeutel mit Lochtülle (10 mm)

Für die Whoopies

100 g Butter

140 g Zucker

2 Eier (Größe M)

340 g Mehl

2 TL Backpulver

100 ml Milch

50 ml Zitronensaft

1 TL Abrieb von 1 unbehandelten Zitrone

20 g Walnusskerne, gehackt

Für die Frischkäsecreme

120 g Ziegenfrischkäse

70 g Puderzucker

10 Basilikumblätter, fein gehackt

120 g weiche Butter

Für die Whoopies Butter und Zucker schaumig schlagen. Die Eier nacheinander unterarbeiten. Mehl und Backpulver vermischen und die Hälfte unter die Masse rühren. Zuerst die Milch und dann den Zitronensaft und den Zitronenabrieb zügig unterrühren. Das restliche Mehl rasch unterheben. Den Teig in den Spritzbeutel füllen und Kreise mit etwa 7 cm Durchmesser auf ein mit Backpapier ausgelegtes Backblech dressieren. Mit den gehackten Walnüssen bestreuen und bei 160 °C Umluft 15–20 Minuten backen.

Für die Frischkäsecreme Ziegenfrischkäse, Puderzucker und Basilikum glatt rühren. Die Butter auf einmal dazugeben und kurz aufschlagen.

Vollendung: Eine Hälfte der ausgekühlten Whoopies mit der Creme füllen, die andere Hälfte auflegen und die Hälften leicht zusammendrücken.

Hot & cold

Eines macht das Selbstbacken ganz besonders
attraktiv – das Spiel mit Temperaturen. Denn wenn
man etwas frisch aus dem Ofen genießen kann, ist es
einfach traumhaft, und wenn dann als Kontrast selbst
gemachtes Eis dazukommt … absolut überzeugend!

Bananen-Tamarinden-Crumble

Wem Bananen zu süß sind, der sollte sie mit säuerlicher Tamarinde mischen, eine geniale Kombination, wie ich finde!

Zubereitung: 15 Minuten plus 35 Minuten Backzeit

Ergibt 4–6 Portionen

Zutaten

1 runde Auflaufform (etwa 20 cm Ø)

4–6 reife Bananen (je nach Größe)

2 EL ungesalzenes Tamarindenpüree (Asia-Laden)

1 EL kernige Haferflocken

105 g Mehl

50 g Muscovadozucker oder brauner Zucker

60 g Butter

Die Bananen schälen und in 2 cm dicke Scheiben schneiden. Mit dem Tamarindenpüree sowie den Haferflocken vermischen und in der Auflaufform verteilen. Mehl, Zucker und Butter in eine Schüssel geben und mit den Fingern zu Streuseln kneten. Die Streusel gleichmäßig auf den Bananenscheiben verteilen und das Crumble bei 180 °C Umluft 30–35 Minuten goldbraun backen. Warm servieren!

Tipps: Mit einer Kugel Eis wird aus dem Crumble ein perfektes Dessert! Für Gäste können Sie den Crumble auch in kleinen Portionsförmchen backen und diese direkt mit Eis servieren.

Mango-Kokos-Crumble

Mango sollte man nur verwenden, wenn man wirklich reife Exemplare findet, ansonsten lohnt sich die Mühe nicht.

Zubereitung: 15 Minuten plus 45 Minuten Backzeit
Ergibt 4–6 Portionen

Zutaten

1 Auflaufform (etwa 22 × 22 cm) oder 4–6 kleine Portionsförmchen

Für die Streusel
75 g Zucker
75 g Butter
30 g Mandelgrieß
90 g Mehl
45 g Kokosflocken
Abrieb von ½ unbehandelten Limette

Für die Füllung
2–3 reife Mangos
1 TL frisch geriebener Ingwer
1–2 EL Limettensaft
1–2 EL Zucker
1 EL Kokosflocken

Außerdem
Fett für die Form
geschlagene Sahne, Eis oder ein Schuss Rum zum Servieren

Für die Streusel alle Zutaten in eine Schüssel geben und mit den Fingern zu Streuseln von gewünschter Größe kneten.

Für die Füllung die Mangos schälen und das Fruchtfleisch vom Kern schneiden. In grobe Stücke von etwa 2 × 2 cm schneiden und in eine Schüssel geben. Geriebenen Ingwer, Limettensaft, Zucker und Kokosflocken dazugeben und gut mit den Mangowürfeln vermischen. Je nach Reifegrad und Süße der Mangos sowie persönlichem Geschmack etwas mehr Limettensaft oder Zucker verwenden.

Vollendung: Die Auflaufform oder die kleinen Förmchen leicht fetten und die Mangowürfel hineingeben. Gleichmäßig mit den Streuseln bedecken und bei 180 °C Ober-/Unterhitze etwa 45 Minuten goldbraun backen. Warm servieren, beispielsweise mit geschlagener Sahne, Eis oder einem Schuss Rum.

Rhabarber-Crumble

Ein Crumble lässt sich wunderbar vorbereiten und braucht nur rechtzeitig in den Ofen geschoben zu werden. Ideal also, wenn man Gäste erwartet.

Zubereitung: 20 Minuten plus 50 Minuten Backzeit
Ergibt 4–6 Portionen

Zutaten

1 Auflaufform (etwa 22 × 22 cm)

Für die Vanillecreme

250 ml Milch
1 Ei
35 g Zucker
10 g Speisestärke
700 g Rhabarber, geputzt, geschält und grob gewürfelt

Für die Mandelstreusel

60 g Butter
40 g Zucker
1 Msp. Backpulver
80 g Mehl
60 g gemahlene Mandeln

Außerdem

Fett für die Form
Puderzucker, Erdbeeren, Eis und/oder Sahne zum
Servieren

Für die Vanillecreme die Milch in einem Topf aufkochen. Das Ei mit Zucker und Stärke gut verrühren, die Milch von der Herdplatte nehmen, die Eiermischung unter ständigem Rühren einlaufen lassen und bei mittlerer Temperatur unter Rühren etwa 2 Minuten köcheln lassen. Die Rhabarberwürfel unter die fertige Creme rühren und die Mischung nochmals kurz erhitzen.

Für die Streusel Butter, Zucker, Backpulver, Mehl und gemahlene Mandeln in eine Schüssel geben und mit den Fingern zu Streuseln kneten. Ob man lieber kleine, feine Streusel oder große Brocken knetet, liegt bei jedem selbst.

Vollendung: Die Auflaufform leicht fetten. Die Vanillecreme mit dem Rhabarber in der Form verteilen. Gleichmäßig mit den Streuseln bedecken. Den Crumble bei 190 °C Ober-/Unterhitze auf der untersten Schiene 40–50 Minuten backen. Mit Puderzucker, Erdbeeren, Eis und/oder Sahne servieren.

Feigen-Crumble mit Lebkuchengewürz

Frische Feigen sind etwas Feines – wenn man reife Exemplare bekommt. Trotz vieler anderer Zutaten geht hier ihr Aroma nicht verloren.

Zubereitung: 15 Minuten plus 30 Minuten Backzeit
Ergibt 4–6 Portionen

Zutaten

1 Auflaufform (etwa 22 × 22 cm) oder 4–6 kleine Portionsförmchen

Für die Füllung
6–9 Feigen
10 Trockenpflaumen
20 grüne Trauben
40 g Walnusskerne
50 ml Portwein

Für die Streusel
190 g Mehl
90 g brauner Zucker
110 g Butter
½ TL Lebkuchengewürz

Außerdem
Fett für die Form

Für die Füllung die Feigen halbieren. Die Trockenpflaumen in kleine Würfel schneiden. Die Trauben halbieren und eventuell die Kerne mit einem spitzen Messer entfernen. Die Walnüsse grob hacken. Alle vorbereiteten Zutaten mit dem Portwein mischen.

Für die Streusel Mehl, Zucker, Butter und Lebkuchengewürz in eine Schüssel geben und mit den Fingern zu Streuseln verkneten.

Vollendung: Die Auflaufform oder die kleinen Förmchen fetten und die Portweinfrüchte hineingeben. Die Streusel darüber verteilen und den Crumble im Ofen bei 180 °C Umluft 30–40 Minuten backen. Warm servieren.

Mug-Cakes

Mug Cakes sind kleine Becherkuchen, die in einem Kaffeebecher in der Mikrowelle »gebacken« werden. Lassen Sie sich überraschen!

Zubereitung: 10 Minuten
Ergibt je einen Becher

Zutaten

Kaffeebecher
Mikrowelle

Zimt-Mug-Cake

2 geh. EL (30–35 g) Mehl
1 geh. EL (20 g) feiner brauner Zucker
½ TL Zimtpulver
¼ TL Backpulver
2 EL (15 ml) Apfelmus
2 EL (10 ml) Öl
2 EL (10 ml) Milch

Zitronen-Mug-Cake

3 geh. EL (45 g) Mehl
¼ TL Backpulver
2 EL (30 g) feiner Zucker
5 EL (30 ml) Milch
2 EL (10 ml) Öl
3 EL (15 ml) Zitronensaft
1 TL Abrieb von 1 unbehandelten Zitrone

Die Zubereitung der Mug-Cakes ist bei allen Varianten gleich: Zuerst alle trockenen Zutaten in den Becher geben und vermischen. Dann kommen alle flüssigen Bestandteile dazu und werden so kurz wie möglich untergemischt. Es ist am Ende sogar besser, wenn irgendwo ein »Mehlnest« übrig bleibt, als wenn man einen zähen, nicht ganz so leckeren Kuchen hat. Den Becher dann etwa 1 Minute in die Mikrowelle stellen. Da jedes Modell eine andere Leistung hat, sehe ich davon ab, irgendwelche verbindlichen Angaben zu Stufe und Zeit zu machen. Eventuell braucht es ein paar Versuche, um mit seiner Mikrowelle die richtige Stufe und Zeit zu finden.

Den frisch gebackenen Kuchen warm servieren beziehungsweise verzehren.

Tipp: Die Verwendung eines Bechers anstatt einer Tasse hat den Vorteil, dass man alle Zutaten direkt hineinlöffeln und verrühren kann, ohne dass etwas daneben geht.

Mug-Cakes

Zubereitung: 10 Minuten
Ergibt je einen Becher

Zutaten

Kaffeebecher
Mikrowelle

Kaffee-Schoko-Mug-Cake

3 geh. EL (45 g) Mehl
2 EL (30 g) feiner Zucker
1 EL (10 g) Kakaopulver
¼ TL Backpulver
2 EL (10 ml) Öl
3 EL (15 ml) starker Espresso
5 EL (30 ml) Milch

Nuss-Mug-Cake

2 geh. EL Mehl
1 EL gemahlene Nüsse
¼ TL Backpulver
2 EL Zucker
5 EL Milch
2 EL Öl
1 EL Nussaufstrich

- Die Mug-Cakes zubereiten wie auf Seite 144 beschrieben.

- Mug-Cakes lassen sich wunderbar abwechslungsreich toppen und dekorieren. Mögliche Toppings wären: Frischkäse/Quark mit etwas Puderzucker verrühren; Saft mit Puderzucker anrühren; heißen Espresso/heiße Sahne zu gleichen Teilen mit gehackter Kuvertüre vermischen; fein geschnittenes Ragout aus Früchten, beispielsweise Banane, Mango oder Erdbeeren; eine Kugel Eis; Fruchtaufstrich oder Konfitüre nach Geschmack; und und und … der Fantasie sind hierbei keine Grenzen gesetzt. Probieren Sie es einfach mal aus.

Gefrorene Nugat-Cake-Pops

Eis, beziehungsweise Halbgefrorenes eignet sich wunderbar zum Aufspießen.

Zubereitung: 20 Minuten plus 8 Stunden Gefrierzeit plus
10 Minuten zum Vollenden
Ergibt etwa 15 Stück

Zutaten

2 Silikonformen »Halbkugel« (4 cm Ø)
15 Stiele oder Ähnliches mit Spitze
50 g Nugat
1 Eigelb
20 g Zucker
170 g Sahne, cremig geschlagen

Außerdem

200 g dunkle Kuvertüre, mit 80 g Kakaobutter vermischt, geschmolzen, maximal 35 °C warm
karamellisierte Nüsse oder Krokant zum Bestreuen

Den Nugat über einem heißen Wasserbad oder in der Mikrowelle schmelzen und auf Raumtemperatur abkühlen lassen. Das Eigelb mit dem Zucker cremig schlagen. Ein Drittel der Sahne unter den Nugat rühren, den Eischaum unterziehen und die restliche Sahne unterheben. Die karamellisierten Nüsse oder den Krokant untermischen und die Masse in die Formen füllen. Dann alles ordentlich glatt streichen, damit die Halbkugeln nachher gut zusammenkleben. In das Tiefkühlfach geben und durchfrieren lassen.

Vollendung: Aus einer Form die gefrorenen Halbkugeln entnehmen und auf die anderen setzen. Dann die Stiele hineinstechen und die Cake-Pops nochmals in das Tiefkühlfach geben. Die Lollies aus der Form nehmen und in einem Zug durch die geschmolzene Kuvertüre ziehen. Sofort Nüsse oder Krokant aufstreuen und die Kuvertüre, wenn nötig, ablaufen lassen. Die Cake-Pops auf einem Backpapier wieder in das Tiefkühlfach legen. Eiskalt servieren.

Tipp: Dieses Halbgefrorene kann man auch gut in eine flache Form (mit Folie ausgelegt) gießen. Wenn es gefroren ist, die Stiele einstechen und die Masse in Würfel schneiden. Wie oben beschrieben vollenden.

Himbeer-Macaron-Eissandwich

Da Macarons eine Art Baisergebäck sind, eignen sie sich hervorragend als Böden für Eissandwiches.

Zubereitung: 20 Minuten plus 15 Minuten Backzeit plus
15 Minuten zum Vollenden
Ergibt 8–10 Stück

Zutaten

Spritzbeutel mit Lochtülle (15 mm)
1 Rezept Macarons (siehe Seite 16/17)
rosa Lebensmittelfarbe

Für das Himbeereis

300 g tiefgekühlte Himbeeren
140 g Puderzucker
140 g Joghurt

Außerdem

Joghurteis (nach Belieben)

Die Macaronmasse nach Rezept zubereiten und rosa einfärben. Die Masse in den Spritzbeutel füllen und Macarons mit etwa 6 cm Durchmesser auf ein mit Backpapier ausgelegtes Backblech dressieren. Dabei kann man versuchen, ihnen eine leicht quadratische Form zu geben. Nach dem Trocknen bei 150 °C Umluft 14–16 Minuten backen und komplett auskühlen lassen.

Für das Himbeereis alle Zutaten in einen Mixer geben und zu cremigem Eis verarbeiten. Das Eis sollte eine gut spritzfähige Konsistenz haben, ist es zu flüssig geworden, kurz in das Tiefkühlfach geben.

Vollendung: Das Eis in einen Spritzbeutel mit Tülle geben und die Macarons damit füllen. Wer mag, spritzt das Eis nur an den Rand, lässt die Mitte jeweils frei und gibt Joghurteis hinein. Die Macarons zusammensetzen und bis zum Verspeisen im Tiefkühlfach aufbewahren. Eiskalt servieren.

Tipps: Eissandwiches lassen sich wunderbar vorbereiten und lagern, dabei sollten sie aber gut verpackt sein, damit sie nicht austrocknen. Wenn stabile Folie verwendet wird, können sie darin auch direkt serviert werden – kleckerfrei.

Pistazien-Eissandwich

Pistazieneis ist – mit guten Pistazien hergestellt – ein Highlight, da lohnt es auf jeden Fall, nach der besten Qualität zu suchen.

Zubereitung: 30 Minuten plus 15–20 Minuten Backzeit plus 10 Minuten zum Vollenden plus 4 Stunden Kühlzeit
Ergibt etwa 9 Stück

Zutaten

Backrahmen oder quadratische Form
(etwa 21 × 21 cm)
Eismaschine

Für den Mandelbiskuit

50 g Puderzucker plus 1 EL Puderzucker zum Bestauben
60 g gemahlene Mandeln
2 Eiweiß (Größe M)
20 g Zucker
30 g Mandelblättchen

Für das Pistazieneis

400 ml Milch
4 Eigelb
100 g Zucker
40 g Pistazienpaste
Salz

Für den Mandelbiskuit den Puderzucker sieben und mit den gemahlenen Mandeln vermischen. Das Eiweiß mit dem Zucker zu cremigem Schnee schlagen und die Mandelmischung unterheben. Den Teig auf ein mit Backpapier ausgelegtes Backblech etwa 21 × 42 cm groß aufstreichen. Die Mandelblättchen aufstreuen, mit 1 EL Puderzucker bestauben und den Teig bei 170 °C Umluft 15–20 Minuten backen. Bei diesem Biskuit muss man nach dem Backen etwas vorsichtig sein, er ist aufgrund des fehlenden Mehles empfindlich und bricht beziehungsweise reißt sehr schnell. Also am besten warm in der Mitte durchschneiden.

Für das Pistazieneis die Milch aufkochen. Das Eigelb mit dem Zucker leicht cremig schlagen und die heiße Milch zugeben. Die Mischung über einem kochenden Wasserbad aufschlagen und auf 85 °C erhitzen. Sofort von der Herdplatte nehmen und in einem kalten Wasser- oder Eisbad abkühlen. Die Pistazienpaste untermixen. Mit Salz abschmecken und in einer Eismaschine cremig frieren.

Vollendung: Einen Biskuit mit den Mandelblättchen nach unten in den Backrahmen oder die Form geben, das gerade gefrorene Eis daraufstreichen und den zweiten Biskuit auflegen. Leicht festdrücken und mindestens 4 Stunden einfrieren. In etwa neun Quadrate schneiden und genießen.

Karamell-Haselnuss-Eissandwich

Eissandwiches bieten einen großen Spielraum, was die verwendeten Komponenten angeht. Hier ist der Boden der entscheidende Clou.

Zubereitung: 15 Minuten plus 16 Minuten Backzeit plus
15 Minuten zum Vollenden
Ergibt 8–10 Stücke

Zutaten

Kastenkuchenform (24 cm lang)
Vanilleeis
1 Rezept weiße Cookies (siehe Seite 74/75)

Für den Boden
50 g geröstete Haselnusskerne

Für die Karamellsauce
60 g Zucker
30 g Sahne
Salz
35 g Butter

Für den Boden den Cookieteig nach Rezept herstellen. Zwischen zwei Bögen Backpapier geben und mit der Teigrolle auf die zweieinhalbfache Größe der Kasten-kuchenform ausrollen. Ein Backpapier vorsichtig ab-ziehen, sollte es sich nicht lösen, den Teig kurz in den Kühlschrank oder das Tiefkühlfach geben. Die Hasel-nüsse zerstoßen und auf den Teig streuen. Bei 150 °C Umluft 12–16 Minuten saftig backen, der Teig muss natürlich fertig gebacken sein, aber eben nur knapp, damit er am Ende noch weich ist.

Für die Karamellsauce den Zucker kräftig braun kara-mellisieren. Die Sahne mit 1 Prise Salz aufkochen und den Karamell damit ablöschen. 1 Minute stehen lassen und dann die Butter untermixen oder gut mit dem Schneebesen unterarbeiten. Abkühlen lassen.

Vollendung: Den Teig so zuschneiden, dass er den Boden der Form vollständig bedeckt. Ein Back-papier in die Form legen und den Teig mit den Nüssen nach unten hineinlegen. Das Vanilleeis entweder mit einem Eisportionierer darauf verteilen oder aus der Packung stürzen und so in Scheiben schneiden, dass der Boden sich gut damit bedecken lässt. Die Karamellsauce mit einem Löffel auf dem Eis verteilen. Aus dem übrigen Boden einen passenden Deckel schneiden, auflegen, gut festdrücken und das Ganze wieder einfrieren. Zum Servieren in acht bis zehn Stücke schneiden.

Schokoladen-Sternanis-Eissandwich

Bei einem Eissandwich ist die Konsistenz des Biskuits beziehungsweise der Waffel und des verwendeten Eises oder Halbgefrorenen wichtig.

Zubereitung: 30 Minuten plus 15 Minuten Backzeit plus 10 Minuten zum Vollenden plus 12 Stunden Kühlzeit
Ergibt etwa 8 Stücke

Zutaten

Kastenkuchenform (24 cm lang)
Zuckerthermometer

Für den Biskuit

30 g gemahlene Mandeln
20 g Puderzucker
2 Eigelb
4 Eiweiß
45 g Zucker
110 g Kuvertüre (70 %)
30 g Butter

Für das Sternanisparfait

150 ml Milch
2 Stück Sternanis, zerstoßen
4 Eigelb
120 g Zucker
1 ½ Blattgelatine, eingeweicht
2 Eiweiß
200 g Sahne, cremig geschlagen

Außerdem

Fett für die Form

Für den Biskuit Mandeln, Puderzucker und Eigelb dickcremig aufschlagen. Das Eiweiß mit dem Zucker zu steifem Schnee schlagen. Die Kuvertüre mit der Butter schmelzen und auf 45 °C erhitzen. Kurz bevor der Eischnee fertig ist, die Kuvertüre-Butter-Mischung unter die Mandelmischung rühren. Den Eischnee unterheben und den Teig sofort auf ein mit Backpapier ausgelegtes Backblech streichen. Der Teig muss etwa zweieinhalbmal so groß sein wie der Boden der Kastenform. Bei 190 °C Umluft etwa 12 Minuten backen.

Für das Parfait die Milch mit dem Sternanis aufkochen und 10 Minuten abgedeckt ziehen lassen. Das Eigelb mit 1 EL Zucker verrühren und die Milch einrühren. Zurück in den Topf geben und unter ständigem Rühren mit einem Gummischaber bei niedriger bis mittlerer Temperatur erwärmen, bis die Flüssigkeit andickt. Von der Herdplatte nehmen und durch ein Sieb in eine Schüssel gießen. Die Gelatine ausdrücken und darin auflösen. Das Eiweiß mit dem restlichen Zucker über einem heißen Wasserbad unter Rühren auf etwa 60 °C erhitzen. Dann zu Schnee schlagen und unter die Milch rühren. Die Sahne unterheben.

Vollendung: Die Kastenform leicht einfetten und mit Folie auslegen. Den Biskuit auf die Größe des Formbodens zurechtschneiden und vorsichtig einlegen. Die Parfaitmasse daraufgeben und die Form etwa 30 Minuten in das Tiefkühlfach geben. Den restlichen Biskuit auf die passende Größe zuschneiden, auf die leicht angefrorene Masse legen und andrücken. Am besten über Nacht einfrieren. In etwa acht Stücke schneiden und servieren.

Register

Einfach
&anders

160 Seite
ca. 120 Abl
19,0 x 28,5 c
Klappen-
broschur

ISBN 978-3-86244-480-9

ISBN: 978-3-86244-696-4

ISBN 978-3-86244-346-8

ISBN 978-3-86244-675-9

ISBN: 978-3-86244-134-1

ISBN 978-3-86244-262-1

ISBN 978-3-86244-226-3

ISBN 978-3-86244-678-0

ISBN 978-3-86244-588-2

ISBN 978-3-86244-757-2

ISBN 978-3-86244-572-1

ISBN 978-3-86244-319-2

Alle Titel der Reihe erhältlich in Ihrer Buchhandlung oder unter
www.christian-verlag.de

CHRISTIAN